Voltaire | Der unwissende Philosoph

[Was bedeutet das alles?]

Voltaire

Der unwissende Philosoph

Aus dem Französischen übersetzt von Ulrich Bossier

Nachwort von Tobias Roth

Reclam

Titel der französischen Originalausgabe:
Le Philosophe ignorant

2. Auflage

RECLAMS UNIVERSAL-BIBLIOTHEK Nr. 14169
2022, 2023 Philipp Reclam jun. Verlag GmbH,
Siemensstraße 32, 71254 Ditzingen
Gestaltung: Cornelia Feyll, Friedrich Forssman
Druck und Bindung: EsserDruck Solutions GmbH,
Untere Sonnenstraße 5, 84030 Ergolding
Printed in Germany 2023

ISBN 978-3-15-014169-4

Auch als E-Book erhältlich

www.reclam.de

Inhalt

Der unwissende Philosoph

1. Erste Fragen

Wer bist du? Woher kommst du? Was tust du? Was wird einmal aus dir? Das sind Fragen, die man allen Wesen im Universum stellen sollte, auf die uns aber keines eine Antwort gibt. Ich frage die Pflanzen, welche Kraft ihnen ermöglicht zu wachsen, und wie es sein kann, dass ein und derselbe Boden so unterschiedliche Früchte hervorbringt. Diese Wesen – stumm und empfindungslos, wiewohl mit einer gottgegebenen Fähigkeit beschenkt – überlassen mich meiner Unwissenheit und meinen vergeblichen Spekulationen.

Ich befrage jene Vielzahl unterschiedlicher Tiere, die alle ihren Antrieb haben und den auch zeigen, denen die gleichen Empfindungen eigen sind wie mir, die über ein gewisses Maß an Vorstellungen und Gedächtnis verfügen, dazu über alle Leidenschaften. Sie wissen noch weniger als ich, was sie sind, warum sie sind und was einmal aus ihnen wird.

Ich vermute, ja ich meine sogar glauben zu dürfen, dass die Planeten, die um die unzähligen Sonnen kreisen, welche das All anfüllen, von empfindungs- und denkfähigen Wesen bevölkert sind. Aber eine ewige Schranke trennt uns, und keiner jener Bewohner der anderen Himmelskörper ist je mit uns in Verbindung getreten.

Im *Schauspiel der Natur*[1] sagt der Prior zum Chevalier, die Sterne seien für die Erde geschaffen und die Erde sowie auch die Tiere für den Menschen. Indes, da sich die kleine Kugel namens Erde gemeinsam mit den anderen Planeten um die Sonne dreht, da die regelmäßigen und gleichlaufenden Bewegungen der Gestirne auf ewig bestehen können, ohne dass Menschen existieren, da es auf unserem kleinen

Planeten unendlich mehr Tiere als Wesen meinesgleichen gibt, denke ich, dass der Prior etwas zu sehr seiner Selbstverliebtheit frönt, wenn er sich schmeichelt, alles sei für ihn geschaffen worden. Ich habe beobachtet, dass der Mensch während seines Lebens von allen Tieren aufgefressen wird, wenn er wehrlos ist, und dass sie alle ihn nach seinem Tode weiter auffressen. Insofern fällt es mir schwer, einzusehen, dass der Prior und der Chevalier die Könige der Natur seien. Als ein Sklave all dessen, was mich umgibt, nicht als ein König, auf einen Punkt beschränkt und von der Unermesslichkeit umringt, beginne ich nun, nach mir selbst zu forschen.

II. Unsere Schwachheit

Ich bin ein schwaches Tier. Wenn ich geboren werde, besitze ich weder Kraft noch Wissen noch Instinkte. Ich vermag nicht einmal zu den Zitzen meiner Mutter hinzukriechen, was alle Vierfüßer können. Ein wenig Vorstellungsvermögen bekomme ich erst, wenn ich ein bisschen Kraft bekomme, sobald meine Organe sich zu entwickeln beginnen. Die Kraft wird stärker in mir bis zu der Zeit, da sie nicht mehr wachsen kann und mit jedem Tag schwächer wird. Auch jene Fähigkeit, Vorstellungen zu entwickeln, nimmt ebenfalls zu, bis es nicht mehr geht, und dann schwindet sie unmerklich nach und nach.

Was ist das für eine Mechanik, welche die Kraft meiner Glieder immerfort wachsen lässt bis zum vorherbestimmten Zeitpunkt? Ich weiß es nicht; und diejenigen, die ihr Leben damit verbracht haben, diese Sache zu ergründen, wissen darüber nicht mehr als ich.

Was ist jene andere Macht, die meinem Gehirn Bilder eingibt und sie in meinem Gedächtnis bewahrt? Diejenigen, die man dafür bezahlt, es herauszufinden, haben umsonst gesucht; wir alle wissen über die erste Ursache genauso wenig wie als wir in der Wiege lagen.

III. Wie kann ich denken?

Haben die Bücher, die in den letzten zweitausend Jahren geschrieben wurden, mich etwas gelehrt? – Uns ergreift manchmal die Begehr zu erfahren, wie wir denken, während uns nur selten die Begehr packt zu erfahren, wie wir verdauen, wie wir gehen. Ich habe meinen Verstand zu Rate gezogen; er solle mir sagen, was er sei; aber diese Frage hat ihn immer nur verwirrt.

Ich habe versucht, mit seiner Hilfe herauszufinden, ob die Kräfte, die mich verdauen lassen, die mich gehen lassen, dieselben sind wie jene, die mir Ideen eingeben. Ich habe nie begriffen, wie und warum diese Ideen sich verflüchtigen, wenn Hunger meinen Körper schwächt, und wie und warum sie wieder aufleben, sobald ich gegessen habe.

Ich habe einen so großen Unterschied festgestellt zwischen Gedanken und der Nahrung, ohne die ich nicht denken kann, dass ich zu der Annahme gelangte, es gebe in mir eine Substanz, die überlegt, und eine andere, die verdaut. Indessen, während ich ständig versuchte, mir zu beweisen, dass wir unser zwei seien, habe ich grob empfunden, dass ich nur ein Einziger bin, und dieser Widerspruch hat mir immer äußerste Pein bereitet.

Ich habe ein paar meiner Mitmenschen – es waren solche, die höchst fleißig die Erde, unsere gemeinsame Mutter, bebauen – befragt, ob sie nicht auch empfänden, aus zwei Wesen zu bestehen, ob sie dank ihrer Lebensweisheit entdeckt hätten, dass sie in sich eine Substanz besäßen, unsterblich, doch aus nichts gemacht, die ohne Ausdehnung existiert, die auf ihre Nerven wirkt, ohne sie zu berühren, und die gezielt sechs Wochen nach der Empfängnis[2] in den Bauch ihrer Mütter gesetzt worden sei. Die Angesprochenen glaubten, ich wollte wohl scherzen, und setzten ihre Feldarbeit fort, ohne mir zu antworten.

IV. Muss ich unbedingt wissen?

Da ich also sah, dass ungeheuer viele Leute nicht nur keine Ahnung von den Schwierigkeiten hatten, die mich umtrieben, und an dem, was ihnen in den Schulen über den Menschen generell, über die Materie, über den Geist usw. erzählt worden war, keinen Zweifel hegten; da ich sah, dass sie oft darüber spotteten, was ich da wissen wollte, stieg in mir der Verdacht auf, es sei gar nicht notwendig, dass wir es wissen. Ich dachte nun, die Natur habe jedem Wesen das mitgegeben, was ihm zusteht, und dass die Dinge, die unser Verstand nicht erreicht, eben nicht zu unserem Erbteil gehören. Trotz dieser zeitweiligen Hoffnungslosigkeit habe ich jedoch nicht von dem Wunsch abgelassen, mir über diese Dinge Kenntnis zu erwerben, und meine Neugierde wird zwar immer wieder enttäuscht, ist aber unersättlich geblieben.

V. Aristoteles, Descartes und Gassendi

Aristoteles sagte als einer der Ersten, die Skepsis sei die Quelle der Weisheit.[3] Descartes hat diesen Gedanken aufgegriffen, wenn auch verwässert. Die beiden haben mich gelehrt, nichts von dem zu glauben, was sie sagen. Namentlich jener Descartes, nachdem er zunächst den großen Zweifler spielte, spricht er nun in einem dermaßen affirmativen Ton über Dinge, von denen er nichts versteht. Er ist seiner Sache so sicher, wenn er sich in physikalischen Dingen gröblich irrt. Er hat sich eine ziemlich imaginäre Welt zurechtgezimmert. Seine Wirbel und seine drei Elemente[4] sind von einer so enormen Lächerlichkeit, dass ich allem misstrauen muss, was er mir über die Seele sagt, nachdem er mich dermaßen falsch über die Körper belehrt hat. Soll man den doch preisen, großartig – vorausgesetzt, man dehnt das Lob nicht aus auf seine philosophischen Fabeleien, die heute in ganz Europa verachtet werden, und das wird auch so bleiben.

Er glaubt oder gibt doch vor zu glauben, dass wir mit metaphysischen Gedanken geboren werden. Da könnte ich ja gleich behaupten, Homer sei mit der *Ilias* im Kopf geboren worden. Es ist wohl wahr, dass Homer ein besonders gebautes Hirn besaß, empfänglich für poetische Ideen, bald schöne, bald unzusammenhängende, bald exzessive, und nachdem er die alle in sich aufgenommen hatte, komponierte er daraus schließlich die *Ilias*. Wir bringen, wenn wir geboren werden, den Keim all dessen mit, was sich später in uns entwickelt; aber wir haben zu diesem Zeitpunkt tatsächlich nicht mehr angeborene Ideen in uns, als Raffael und Michelangelo bei der Geburt Pinsel und Farben mitbrachten.

Descartes nahm an, um die disparaten Teile seiner Schimären zusammenzubringen, der Mensch denke ständig. Da kann man sich auch gleich vorstellen, die Vögel würden niemals aufhören zu fliegen und die Hunde zu rennen, weil Erstere eben die Fähigkeit haben zu fliegen und die Letzteren jene zu rennen.

Wenn man nur ein wenig seine eigene Erfahrung sowie jene des Menschengeschlechts zu Rate zieht, ist man bald vom Gegenteil überzeugt. Es dürfte keiner närrisch genug sein, fest zu glauben, er habe sein ganzes Leben lang gedacht, Tag und Nacht, ohne Unterbrechung, seit er ein Fötus war bis hin zu seiner letzten Krankheit. Die Vertreter dieses Gefabels haben sich mit der These herauszuhelfen versucht, man denke wohl ständig, aber es sei einem nicht bewusst. Da könnte man auch gleich sagen, man trinke, esse oder reite, ohne es zu wissen. Wenn wir nicht bemerken, dass wir Gedanken haben, wie können wir dann behaupten, wir hätten welche? Gassendi[5] goss über dies verdrehte System gebührenden Spott. Und was war die Folge des Ganzen? Man erklärte Gassendi und Descartes zu Atheisten – weil sie ihren Verstand benutzten.

VI. Die Tiere

Aus der Annahme, dass die Menschen beständig Vorstellungen, Wahrnehmungen und Begriffsvermögen besitzen, folgt natürlich, dass auch die Tiere all dies dauerhaft besitzen; denn es ist unbestreitbar, dass etwa ein Jagdhund die Vorstellung von seinem Herrn in sich hat, dem er gehorcht; er weiß genau, welche Beute er ihm bringen soll. Es ist offensichtlich, dass er über ein Gedächtnis verfügt, und er kann auch ein paar Gedanken zusammenfügen. Wenn also das Denken des Menschen die Grundessenz seiner Seele ist, dann ist das Denken des Hundes auch die Grundessenz der seinen, und wenn der Mensch beständig Gedanken hat, dann haben zwangsläufig auch die Tiere welche. Um diese Schwierigkeit auszuräumen, verstieg sich der Erfinder der Wirbel und der geriffelten Materie[6] zu der Behauptung, die Tiere seien bloße Maschinen, die nach Essen suchten, ohne Appetit zu haben, die alle Gefühlsorgane ihr Eigen nennten, ohne jemals die geringste Empfindung zu verspüren, die brüllten, doch nicht aus Schmerz, die ihr Vergnügen artikulierten, doch nicht aus Freude, die ein Gehirn besäßen, bloß um nicht die mindeste Idee zu empfangen, und die auf diese Weise ein ständiger Widerspruch seien.

Dieses System war ebenso lächerlich wie das andere, aber statt seine Überspanntheit bloßzulegen, warf man ihm Gottlosigkeit vor; man behauptete, dieses System stehe im krassen Gegensatz zur Heiligen Schrift, die doch in der Genesis sagt, Gott habe mit den Tieren einen Vertrag gemacht und werde von ihnen das Blut der Menschen zurückfordern, die sie gebissen oder gefressen hätten.[7] Dies unterstellt doch eindeutig den Tieren Intelligenz und die Kenntnis von Gut und Böse.

VII. Die Erfahrung

Mengen wir niemals die Heilige Schrift in unsere philosophischen Dispute hinein: das sind zwei allzu heterogene Sphären, die keinerlei Bezug zueinander haben. Es geht hier nur darum zu prüfen, was wir aus uns selbst heraus wissen können, und das ist ziemlich wenig. Man stellte sich gegen den gesunden Menschenverstand, wenn man nicht zugäbe, dass wir nichts auf der Welt ohne die Erfahrung wissen; zweifellos sind wir nur durch eine Reihe tastender Versuche und durch anhaltendes Nachdenken zu einigen schwachen und vagen Vorstellungen über den Körper, den Raum, die Zeit, die Unendlichkeit, ja sogar über Gott gelangt. Wäre dem nicht so, würde es sich für den Urheber der Natur nicht lohnen, diese Vorstellungen allen Föten in die Hirne zu legen, wenn dabei nur ein Häuflein Menschen herauskäme, die davon Gebrauch machen.

Wir alle gleichen hinsichtlich der Gegenstände unserer Wissenschaft den unwissenden Liebenden Daphnis und Chloë, deren Leidenschaften und vergebliche Versuche uns Longus geschildert hat.[8] Sie brauchten viel Zeit, um herauszufinden, wie sie ihr Verlangen befriedigen konnten, weil ihnen die Erfahrung fehlte. Dasselbe geschah bei Kaiser Leopold[9] und beim Sohn Ludwigs XIV.[10]; sie brauchten erst Unterrichtung. Wären sie im Besitz angeborener Ideen gewesen, so wäre doch zu vermuten, dass die Natur ihnen die entscheidende und zur Erhaltung des Menschengeschlechts einzig notwendige nicht vorenthalten hätte.

VIII. Substanz

Da wir von nichts einen Begriff haben können außer durch Erfahrung, können wir unmöglich jemals wissen, was Materie ist. Wir berühren, wir sehen die Eigenschaften dieser Substanz, aber das Wort *Substanz* selbst – *das, was sich dar-*

unter befindet[11] – weist schon zur Genüge darauf hin, dass jenes Darunter uns auf ewig unbekannt bleiben wird. Was immer wir über seine äußere Erscheinung herausfinden – dieses Darunter wird immer noch zu entdecken bleiben. Aus dem gleichen Grunde werden wir nie aus uns selbst heraus wissen, was Geist ist. Das Wort bedeutet ursprünglich *Hauch* oder *Atem*[12]; wir haben uns seiner bedient, um grob und vage zu bezeichnen, was uns Gedanken eingibt. Doch selbst wenn es uns durch ein Wunder, mit dem freilich nicht zu rechnen ist, gelänge, uns eine annähernde Vorstellung von der Substanz dieses Geistes zu verschaffen, hülfe uns das nicht weiter und wir kämen nie dahinter, auf welche Weise diese Substanz Gefühle und Gedanken empfängt. Wir wissen wohl, dass wir ein bisschen Intelligenz besitzen, aber auf welche Weise kommen wir dazu? Dies ist das Geheimnis der Natur, sie hat es keinem Sterblichen verraten.

IX. Enge Grenzen

Unser Verstand ist sehr begrenzt; ebenso sind es die Kräfte unseres Körpers. Es gibt Leute, die stärker sind als andere; es gibt sicherlich auch Herkulesse des Denkens; aber diese Überlegenheit ist eigentlich keine große Sache. Da hebt einer zehnmal mehr Gewicht als ich; da kann einer im Kopf, also ohne schriftliches Rechnen, eine fünfzehnstellige Zahl dividieren, während ich das unter äußerster Mühe nur mit drei bis vier Stellen schaffe. Darin erschöpft sich aber auch jene vielgerühmte Kraft. Sie wird sehr bald an ihre Grenze stoßen. Darum wird in den Kombinationsspielen unserer

Wissenschaften niemand, auch wenn er sich auf seinem Gebiet mit allem Fleiß ausgebildet und sich eine beträchtliche Weile darin geübt hat, jemals, wie sehr er sich auch anstrengt, über den Grad hinausgelangen, den zu erreichen ihm gegeben war; er ist dann an die Grenze seiner Intelligenz gekommen. Und das muss auch unbedingt so sein; wäre es anders, würden wir Stufe um Stufe immer weiter fortschreiten, bis hinein ins Unendliche.

X. Unmögliche Entdeckungen

Schauen wir daher, was wir innerhalb des engen Kreises, der uns umschließt, nicht zu wissen verdammt sind, und was wir ein wenig kennenlernen können. Wir haben bereits festgestellt, dass wir keinen ersten Auslöser, kein erstes Prinzip zu erfassen vermögen.

Warum gehorcht mein Arm meinem Willen? Wir sind dieses unverständliche Phänomen so sehr gewohnt, dass nur sehr wenige ihm Beachtung schenken; und wenn wir uns daranmachen, die Ursache einer so simplen Wirkung zu untersuchen, finden wir, dass zwischen unserem Willen und dem Gehorsam unserer Glieder tatsächlich etwas Unendliches liegt, denn es fehlen jegliches Verhältnis des einen zum anderen, jeglicher Grund, jeder Anschein einer Ursache. Und wir spüren, dass wir noch eine Ewigkeit darüber nachdenken könnten und kämen nicht auf den geringsten Schimmer von Wahrscheinlichkeit.

XI. Mit Recht verzweifelt?

Dergestalt schon nach dem ersten Schritt aufgehalten und vergeblich Selbstbeobachtung treibend, erschrecken wir darüber, dass wir uns beständig suchen, uns aber niemals finden. Keiner unserer Sinne ist erklärbar.

Wohl wissen wir dank der Trigonometrie, dass die Entfernung der Erde von der Sonne ungefähr dreißig Millionen unserer großen metrischen Meilen beträgt.[13] Aber was ist diese Sonne? Und warum dreht sie sich um ihre eigene Achse, und warum gerade in diese Richtung und nicht in die andere? Und warum kreisen Saturn und wir um diesen Stern gerade von West nach Ost statt von Ost nach West? Nicht nur, dass wir diese Frage niemals werden zufriedenstellend lösen können, wir werden auch niemals die Möglichkeit sehen, uns eine physische Ursache dafür auch nur vorzustellen. Warum? Weil der entscheidende Punkt bei dieser Schwierigkeit im ersten Prinzip der Dinge liegt.

Es verhält sich mit dem, was in uns wirkt, wie mit dem, was in den unermesslichen Räumen der Natur wirkt. Es gibt in der Anordnung der Sterne wie im Aufbau einer Milbe und auch eines Menschen ein erstes Prinzip, das zu ergründen uns notwendigerweise verwehrt ist. Denn könnten wir unsere erste Triebkraft kennen, so wären wir ihrer Herr, wir wären Götter. Beleuchten wir diesen Gedanken näher und schauen wir, ob er zutrifft.

Einmal angenommen, wir bekämen sie tatsächlich heraus, die Ursache unserer Empfindungen, unserer Gedanken, unserer Bewegungen, so wie wir bisher nur im Bereich der Sterne den Grund der Eklipsen[14] und der verschiedenen Phasen des Mondes und der Venus ergründet haben; es ist klar, dass wir dann unsere Empfindungen, unsere Gedanken und die Begehrnisse, die aus beiden entstehen, vorhersagen könnten, so wie wir Phasen und Eklipsen vorhersagen. Wenn wir nun wüssten, was morgen in unserem Inneren geschieht, sähen wir aufgrund der Mechanik des Vorgangs bereits heute ganz klar, welche angenehmen oder unerfreulichen Affekte uns erwarteten. Wir besitzen einen Willen, der, wie allgemein anerkannt, unsere inneren Bewegungen in verschiedenen Fällen lenken kann. Wenn ich zum Beispiel merke, dass ich zu Zornausbrüchen neige, werden mein Nachdenken und mein Wille die beginnenden Aufwallungen unterdrücken. Ich sähe, wenn ich meine ersten Prinzipien kennen würde, alle meine morgigen Gemütszustände und die ganze Gedankenkette, die mich erwartet. Ich hätte über diese Gedanken- und Gefühlskette dieselbe Kontrolle, die ich zuweilen über meine gegenwärtigen Gefühle und Gedanken ausübe, indem ich sie umlenke oder unterdrücke. Ich befände mich exakt in der Position eines jeden Menschen, der den Lauf einer Uhr, eines Schiffes, jeglicher bekannten Maschine nach Belieben beschleunigen oder verlangsamen kann.

In dem angenommenen Fall, da ich Herr über die Gedanken bin, die mir für morgen bestimmt sind, wäre ich es auch für den nächsten Tag, ich wäre es für mein ganzes Leben. Ich hätte also jederzeit Allmacht über mich selbst, ich wäre mein eigener Gott. Mir ist nur zu klar, dass dieser Zustand nicht mit meiner Natur vereinbar ist; es ist mir also unmöglich, irgendetwas vom ersten Prinzip zu wissen, das mich denken und handeln lässt.

XII. Schwachheit des Menschen

Was meiner so schwachen und so begrenzten Natur, die eine so kurze Dauer hat, unmöglich ist – ist es wohl in anderen Welten, bei anderen Arten von Wesen auch unmöglich? Gibt es Geschöpfe mit höherer Intelligenz, die Herr über all ihre Gedanken sind, die denken und fühlen, was immer sie wollen? Ich weiß darüber nichts; ich kenne nur meine Schwachheit, und von der Stärke der anderen habe ich keine Ahnung.

XIII. Bin ich frei?

Verlassen wir noch nicht den Kreis unserer Existenz; fahren wir fort, uns selbst zu erforschen, soweit wir das vermögen. Ich erinnere mich, wie eines Tages, nachdem ich all die vorangehenden Fragen gestellt hatte, ein Klügler mich überklügeln wollte. Er fragte mich, ob ich frei sei. Ich antwortete ihm, dass ich mich nicht im Gefängnis befände, dass ich den Schlüssel zu meinem Zimmer besäße und dass ich vollständig frei sei. »Das ist nicht, was ich Sie frage«, erwiderte er mir, »glauben Sie, dass Ihr Wille die Freiheit hat, aus dem Fenster springen zu wollen oder nicht? Glauben Sie, so wie der Engel der Schule[15], dass der freie Wille eine appetitive Kraft[16] ist und dass der freie Wille durch die Sünde verlorengeht?« Ich schaute dem guten Mann fest in die Augen, um darin zu lesen, ob er nicht etwa verwirrten Geistes sei, und ich entgegnete ihm, dass ich von seinem Galimathias[17] nichts verstanden hätte.

Und dennoch, die Frage nach der Freiheit des Menschen

erregte mein lebhaftes Interesse. Ich las die *Scholastiker*, ich befand mich ja wie sie in der Finsternis; ich las *Locke*[18] und bemerkte ansatzweise Licht; ich las die Abhandlung von *Collins*[19], der mir wie ein perfektionierter *Locke* vorkam, und seither habe ich niemals mehr etwas gelesen, das mir einen neuen Grad an Kenntnissen erschlossen hätte. Ich will im Folgenden darlegen, was meine schwache Vernunft erfasst hat, mithilfe dieser beiden großen Männer, den, wie ich meine, einzigen beiden, die sich gegenseitig verstanden, als sie darüber schrieben, und den einzigen, die sich anderen verständlich machen konnten.

Es gibt nichts ohne Ursache. Von einer Wirkung ohne Ursache zu reden, wäre Unsinn. Jedes Mal, wenn ich will, kann dies nur geschehen kraft meines Urteils, sei es gut oder schlecht; dieses mein Urteil ist notwendig, also ist es mein Wille ebenfalls. Es wäre ja auch merkwürdig, wenn die ganze Natur und alle Gestirne ewigen Gesetzen gehorchten, und ein kleines, fünf Fuß hohes Tier könnte diese Gesetze ignorieren und immer handeln, wie ihm beliebt, allein nach seinen Launen. Es würde sein Handeln dem Zufall überlassen, und wir wissen doch, dass der Zufall eine Schimäre ist. »Zufall« – wir haben dieses Wort erfunden, um eine Wirkung zu bezeichnen, die wir kennen, deren Ursache uns aber unbekannt bleibt.

Meine Gedanken kommen notwendig in mein Hirn; wie soll da mein Wille, der davon abhängt, zugleich der Notwendigkeit unterliegen und absolut frei sein? Ich empfinde bei tausend Gelegenheiten, dass dieser Wille nichts vermag, etwa wenn Krankheit mich bedrückt, wenn Leidenschaft mich hinreißt, wenn mein Urteil mit Angelegenheiten konfrontiert wird, die es nicht erfassen kann, usw. Ich muss also denken, dass, weil die Gesetze der Natur immer dieselben sind, mein Wille bei Sachen, die mir vollkommen gleichgültig erscheinen, nicht freier ist als bei solchen, da ich mich einer unbezwingbaren Macht unterlegen fühle.

Wirklich frei zu sein, heißt handeln können. Wenn ich tun kann, was ich will – das ist meine Freiheit. Aber ich will notwendig, was ich will; sonst würde ich ohne Grund, ohne Ursache wollen – was nicht geht. Meine Freiheit besteht darin, zu laufen, wenn ich laufen will und wenn ich nicht an Gicht leide.

Meine Freiheit besteht darin, eine böse Handlung nicht zu begehen, wenn mein Geist sie sich als unvermeidlich böse vorstellt; eine Leidenschaft in die Schranken zu weisen, wenn mich mein Geist die aus ihr erwachsende Gefahr spüren lässt und das Entsetzen über besagte Handlung mein Verlangen mit Macht bekämpft. Wir können unsere Leidenschaften unterdrücken (ich habe schon unter Punkt XI kurz darüber gesprochen); aber dann sind wir, wenn wir dergestalt unsere Begehrnisse unterdrücken, ebenso wenig frei, wie wenn wir uns von unseren Neigungen fortreißen lassen; denn in dem einen wie dem anderen Falle folgen wir unweigerlich unserem letzten Gedanken, und dieser letzte Gedanke ist notwendig, also tue ich notwendigerweise, was er mir vorgibt. Es ist merkwürdig, dass die Menschen nicht zufrieden sind mit diesem Maß an Freiheit, nämlich dem Vermögen, das sie von der Natur empfangen haben, in verschiedenen Fällen tun zu können, was sie wollen. Den Gestirnen ist dieses Vermögen versagt, wir besitzen es, und unser Stolz lässt uns manchmal glauben, dass wir noch mehr besitzen. Wir bilden uns ein, dass wir die unbegreifliche und absurde Gabe hätten, zu wollen, ohne anderen

Grund und ohne anderes Motiv, als eben zu wollen (siehe dazu Punkt XXIX).

Nein, ich kann dem Doktor Clarke[20] einfach nicht verzeihen, dass er wider besseres Wissen diese Wahrheiten bekämpft hat, deren Kraft er wohl spürte, die aber nicht so recht in seine Systeme zu passen schienen. Nein, es ziemt einem Philosophen wie ihm nicht, Collins als Sophisten zu schmähen; außerdem lenkt er vom Gegenstand der Frage ab, wenn er Collins vorwirft, dass er den Menschen als notwendig Handelnden bezeichnet. Handelnder oder Duldender – was soll's? Handelnder, wenn er sich aus eigenem Antrieb bewegt, Duldender, wenn er Ideen empfängt. Was hat der Name mit der Sache zu tun? Der Mensch ist durchgehend ein abhängiges Wesen, so wie die ganze Natur abhängig ist, alle Wesen sind dies, und es kann für den Menschen keine Ausnahme geben.

Der Prediger in Samuel Clarke hat den Philosophen erstickt; er unterscheidet physische Notwendigkeit und moralische Notwendigkeit. Was ist denn eine moralische Notwendigkeit? Es wird Ihnen wahrscheinlich vorkommen, dass eine Königin von England, die in einer Kirche gekrönt und geweiht wird, nicht ihre königlichen Gewänder ablegt, um sich gänzlich nackt auf dem Altar auszustrecken; im Kongo hingegen soll eine dortige Königin so etwas getan haben. Sie sagen nun, für eine Königin in unseren Breiten sei das eine moralische Notwendigkeit; im Grunde aber liegt auch hier eine physische Notwendigkeit vor, ewig und an die Beschaffenheit der Dinge gebunden. Es ist ebenso sicher, dass besagte Königin diese Narretei nicht begeht, wie es sicher ist, dass sie eines Tages sterben wird. »Moralische Notwendigkeit« ist nur ein Wort; alles, was geschieht, ist absolut notwendig. Es gibt keine Mitte zwischen der Notwendigkeit und dem Zufall; und Sie wissen ja, dass es keinen Zufall gibt: also ist alles, was sich ereignet, notwendig.

Um noch mehr Verwirrung in die Sache zu bringen, haben einige sich einfallen lassen, zusätzlich zwischen Notwendigkeit und Zwang zu unterscheiden. Aber ist Zwang denn letztlich etwas anderes als eine Notwendigkeit, die man bemerkt? Und ist Notwendigkeit nicht ein Zwang, den man nicht bemerkt? Archimedes[21] unterliegt gleichermaßen der Notwendigkeit, in seinem Zimmer zu bleiben, wenn man ihn darin einschließt, wie wenn ihn ein Problem so sehr beschäftigt, dass ihm gar nicht der Gedanke kommt hinauszugehen.

> *Ducunt volentem fata, nolentem trahunt.*
> [Den Willigen führt das Schicksal, den Unwilligen schleppt es mit.[22]]

Der Unwissende, der so dachte, hat nicht immer so gedacht, aber schließlich musste er sich ergeben.

XIV. Ist alles ewig?

Gebunden an ewige Gesetze wie sämtliche Planeten, die den Weltraum füllen, wie die Elemente, die Tiere, die Pflanzen, werfe ich staunende Blicke auf alles, was mich umgibt. Ich suche zu ergründen, wer mein Urheber ist und wer der Schöpfer dieser ungeheuren Maschinerie, in der ich ein kaum wahrzunehmendes Rad bin.

Ich bin nicht aus nichts gekommen, denn die Substanz

meines Vaters und die meiner Mutter, die mich neun Monate in ihrer Gebärmutter getragen hat, sind etwas. Für mich ist offensichtlich, dass der Samen, der mich hervorgebracht hat, nicht aus nichts hervorgebracht worden sein kann; denn wie soll das Nichts das Existierende hervorbringen? Ich fühle mich in Bann geschlagen von dieser Maxime, welche die gesamte Antike durchzieht: »Nichts kommt aus dem Nichts, nichts kann zurück in das Nichts.«[23] Dieses Axiom trägt eine solche Gewalt in sich, dass es meinen ganzen Verstand gefangen nimmt, ohne dass ich mich dagegen wehren kann. Kein Philosoph hat sich davon entfernt; kein Gesetzgeber, wer auch immer es war, hat es je in Frage gestellt. Das *Kahut*[24] der Phönizier, das *Chaos* der Griechen, das *Tohuwabohu* der Chaldäer und der Hebräer – all dies bezeugt uns, dass man schon immer an die Ewigkeit der Materie geglaubt hat. Meine Vernunft, überlistet von dieser so alten und so allgemein geteilten Idee, sagt mir: Die Materie muss ewig sein, denn sie existiert; wenn sie gestern war, so war sie auch vorher schon. Ich sehe keine Wahrscheinlichkeit, dass sie zu sein begonnen, keine Ursache, dass sie nicht bestanden, keinen Grund, dass sie ihre Existenz zu einer bestimmten Zeit und nicht zu einer anderen erhalten hätte. Ich füge mich also dieser Ansicht, sei sie begründet oder irrig, und ich schlage mich auf die Seite der ganzen Welt, bis ich, wenn ich in meinen Untersuchungen vorangekommen bin, eine Erleuchtung finde, die diesem Urteil aller Menschen überlegen ist und mich gegen meinen Willen zwingt, davon abzugehen.

Wenn aber, wie so viele Philosophen der Antike gedacht haben, das Ewige Wesen immer aktiv war, was soll man dann vom *Kahut* und vom *Erebos* der Phönizier halten, vom *Tohuwabohu* der Chaldäer, vom *Chaos* des Hesiod?[25] Man müsste sie ins Reich der Fabeln verweisen. Das *Chaos* ist, mit den Augen der Vernunft betrachtet, unmöglich; denn es ist unmöglich, dass, da ja die Intelligenz ewig ist, es je etwas gegeben hat, das den Gesetzen der Intelligenz widerspricht; das *Chaos* befindet sich aber nun exakt im Widerspruch zu allen Gesetzen der Natur. Besucht einmal die fürchterlichste Höhle der Alpen, gelegen unter Felstrümmern, Eis, Sand, Wasser- und Kristallmassen, unförmigen Mineralbildungen – alles dort gehorcht den Gesetzen der Schwerkraft und der Hydrostatik. Das *Chaos* hat immer nur in unseren Köpfen existiert und nur dazu gedient, dass Hesiod und Ovid[26] schöne Verse daraus machen konnten.

Wenn unsere heilige Schrift sagt, dass das *Chaos*, welches sie unter dem Namen *Tohuwabohu* übernimmt, existiert hat, glauben wir es zweifellos, und zwar lebhaft. Bei dem, was wir hier erörtern, folgen wir nur dem trügerischen Glimmen unseres Verstandes. Wir haben uns, wie wir bereits sagten, darauf beschränkt, das zu sehen, was wir aus uns selbst heraus mutmaßen können. Wir sind Kinder, die versuchen, ein paar Schritte ohne Gängelband zu tun; wir laufen, wir stürzen, und der Glaube richtet uns wieder auf.

XV. Intelligenz

Aber wenn ich die Ordnung, das wunderbare Raffinement, die mechanischen und geometrischen Gesetze betrachte, die im Universum walten, die Möglichkeiten, die unzähligen Zwecksetzungen in allen Dingen, ergreifen mich Bewunderung und Ehrfurcht. Hier folgere ich ohne Zögern:

Wenn die Werke der Menschen, selbst die meinen, mich anzuerkennen zwingen, dass es in uns eine Intelligenz gibt, muss ich angesichts der Vielzahl von Dingen, die sie hervorgebracht hat, anerkennen, dass darin eine wesentlich höhere Intelligenz wirkt. Ich lasse gelten, dass eine solche allerhöchste Intelligenz existiert, ohne zu befürchten, dass man mich jemals von dieser Meinung abbringen kann. Nichts wird in mir das Axiom erschüttern: »Jedes Werk zeugt von seinem Werkmeister.«

XVI. Ewigkeit

Ist diese Intelligenz ewig? Ohne Zweifel; denn ob ich die Ewigkeit der Materie nun anerkenne oder bestreite, so kann ich doch nicht die ewige Existenz ihres allerhöchsten Urhebers leugnen, und es ist evident, dass er, wenn er heute existiert, schon immer existiert hat.

XVII. Unbegreiflichkeit

Ich habe bisher erst zwei oder drei Schritte auf dieser gewaltigen Wegstrecke getan. Ich möchte wissen, ob diese göttliche Intelligenz völlig vom Universum verschieden ist, ungefähr so, wie der Bildhauer und seine Statue auch zweierlei sind; oder ob diese Seele der Welt mit der Welt eins ist und sie durchdringt; ungefähr so, wie ich und das, was ich *meine Seele* nenne, ja auch eins sind, entsprechend jenem Gedanken der Antike, den Vergil[27] so trefflich ausgedrückt hat:

Mens agitat molem, et magno se corpore miscet (*Aeneis*, Buch VI, Vers 727).
[Der Geist bewegt die Materie und vermischt sich mit dem mächtigen Körper (d. h.: der Welt).]

Und Lukan[28] schreibt:

Jupiter est quodcumque vides, quocumque moveris (Buch IX, Vers 580).
[Was immer wir sehen und wohin immer wir uns bewegen, ist Jupiter.]

Plötzlich sehe ich mich in meiner fruchtlosen Wissbegierde angehalten. Elender Sterblicher, wenn ich meine eigene Intelligenz nicht ergründen kann, wenn ich nicht wissen kann, was mich beseelt, wie soll ich dann die unsagbare Intelligenz erkennen, der sichtlich die gesamte Materie regiert? Es gibt eine solche, alles beweist es mir, aber wo ist der Kompass, der mich zu ihrer ewigen und unbekannten Bleibe führt?

XVIII. Das Unendliche

Ist diese Intelligenz an Macht und Unermesslichkeit unendlich, wie sie es unstreitig in ihrer Dauer ist? Darüber kann ich aus mir selbst heraus nichts wissen. Sie existiert, hat also immer existiert, so viel ist klar. Aber welche Vorstellung kann ich von einer unendlichen Macht haben? Wie kann ich ein Unendliches, das gegenwärtig existiert, begreifen? Wie kann ich mir vorstellen, dass die allerhöchste Intelligenz im Leeren residiert? Mit dem Unendlichen in der

Ausdehnung ist es anders als mit dem Unendlichen in der Dauer. Eine unendliche Dauer ist in dem Augenblick, da ich über sie rede, verflossen, das steht fest; ich kann dieser vergangenen Dauer nichts hinzufügen, aber ich kann immer etwas dem Raum hinzufügen, den ich kenne, so wie zu den Zahlen, die ich kenne. Das Unendliche der Zahlen und der Ausdehnung übersteigen mein Begriffsvermögen. Was auch immer man mir sagen mag, nichts kann mir diesen Abgrund erhellen. Glücklicherweise spüre ich, dass meine Verständnisprobleme und meine Unwissenheit die Moral nicht beeinträchtigen können; mögen auch die Unermesslichkeit des mit Dingen gefüllten Raumes und ebenso die unendliche Macht, die alles hervorgebracht hat und gleichwohl noch mehr hervorbringen kann, uns unbegreiflich sein. Dies dient zu nichts anderem, als uns die Armseligkeit unseres Auffassungsvermögens immer mehr zu beweisen, und dank dieser Armseligkeit unterwerfen wir uns desto mehr dem Ewigen Wesen, dessen Werk wir sind.

XIX. Mein Abhängigsein

Wir sind sein Werk. Das ist eine Wahrheit, die uns interessieren muss; denn mittels der Philosophie herauszufinden, wann er den Menschen erschaffen hat; was er zuvor getan hat; ob er sich in der Materie befindet, ob er sich in der Leere befindet; ob er sich an einem Ort befindet; ob er ständig wirkt oder nicht; ob er überall wirkt; ob er außerhalb seiner selbst wirkt oder innerhalb seiner – das sind Nachforschungen, die mich doppelt spüren lassen, wie zutiefst unwissend ich bin.

Mehr noch, ich sehe, dass in Europa kaum ein Dutzend Leute einigermaßen methodisch über diese abstrakten Fragen geschrieben haben; und selbst angenommen, sie hätten sich auf eine verständliche Weise ausgedrückt – was brächte es? Wir haben bereits oben (Punkt IV) festgestellt, dass die Dinge, die zu begreifen sich nur so wenige schmeicheln dürfen, für die übrige Menschheit nutzlos sind.

Wir sind ganz gewiss das Werk Gottes; *das* ist mir nützlich zu wissen, und der Beweis ist handfest. Alles in meinem Körper ist Mittel und Zweck; alles ist Triebwerk, Kraftwandler, Bewegungsenergie, hydraulische Maschinerie, Gleichgewicht der Säfte, chemisches Labor. Das muss eine Intelligenz eingerichtet haben (Punkt XV). Nicht der Intelligenz meiner Eltern verdanke ich diese Einrichtung; sie wussten von ihr bestimmt gar nichts, als sie mich in die Welt setzten; sie waren nur die blinden Instrumente jenes ewigen Erzeugers, der den Wurm der Erde belebt und die Sonne sich um ihre Achse drehen lässt.

XX. Nochmals Ewigkeit

Ein Keim geht aus einem anderen Keim hervor. Hat es wohl eine kontinuierliche Abfolge gegeben, eine unaufhörliche Entwicklung dieser Keime, und hat die gesamte Natur schon immer durch den von jenem Allerhöchsten Wesen, das aus sich selbst heraus besteht, notwendig festgelegten Lauf existiert? Wenn ich nur meinem schwachen Verstand vertraute, würde ich sagen: Mit scheint, dass die Natur immer schon beseelt war. Ich kann nicht nachvollziehen, dass die Ursache, die beständig und sichtbar auf sie wirkt und zu jeder Zeit wirken kann, nicht immer gewirkt haben sollte. Eine Ewigkeit des Müßiggangs in dem wirkenden und notwendigen Wesen scheint mir damit unvereinbar. Ich bin geneigt zu glauben, dass die Welt schon immer aus dieser primären und notwendigen Ursache gekommen ist, so wie das Licht von der Sonne kommt. Was ist das für eine Gedankenverkettung, die mich ständig dazu treibt zu glauben, die Werke des Ewigen Wesens seien ewig? Meine Vorstellungskraft, so schwächlich sie auch ist, vermag sich durchaus das notwendige Wesen zu vergegenwärtigen, das aus sich selbst heraus existiert, aber es vermag sich nicht das Nichtsein vorzustellen. Die Existenz auch nur eines Atoms scheint mir die Ewigkeit der Existenz zu beweisen, aber nichts beweist mir das Nichtsein. Wie denn! Es soll *nichts* gegeben haben in dem Raum, wo heute *etwas* ist? Das kommt mir unbegreiflich vor. Ich kann dieses *Nichts* nicht gelten lassen, es sei denn, eine Offenbarung bringt meine Vorstellungen zum Stillstand, die über die Zeiten hinausschweifen.

Ich weiß sehr wohl, dass eine unendliche Abfolge von Dingen, die keinerlei Ursprung hätten, ebenso absurd ist. Samuel Clarke hat es zur Genüge dargelegt, aber er geht nicht so weit zu behaupten, Gott habe diese Kette nicht seit aller Ewigkeit in seinen Händen gehalten; er wagt nicht zu sagen, dass es dem ewig aktiven Wesen so lange unmöglich gewesen sei, seine Aktivität zu entfalten. Es ist offenkundig, dass er es konnte; und wenn er es konnte, wer wäre kühn genug, mir zu sagen, er habe es nicht getan? Allein die Offenbarung, ich wiederhole es, kann mich vom Gegenteil überzeugen; aber noch ist diese Offenbarung nicht erfolgt, die alle Philosophie zermalmt, noch ist dieses Licht nicht da, vor dem alles Licht verblasst.

XXI. Nochmals mein Abhängigsein

Dieses ewige Wesen, diese universelle Ursache gibt mir meine Ideen ein; denn die Objekte selbst tun es nicht. Eine rohe Materie kann keine Gedanken in meinen Kopf setzen; meine Gedanken kommen auch nicht von mir selbst, denn sie stellen sich ohne mein Zutun ein, und genauso verflüchtigen sie sich oft auch. Man weiß zur Genüge, dass es keine Ähnlichkeit, keine Beziehung gibt zwischen den Objekten einerseits und unseren Gedanken und Empfindungen andererseits. Es hatte schon etwas Erhabenes, als Malebranche zu behaupten wagte, dass wir alles in Gott selbst schauten;[29] aber hatte es nichts Erhabenes, wenn die Stoiker dachten, dass Gott in uns wirke und wir einen Strahl seiner Substanz in uns trügen? Wo liegt die Wirklichkeit zwischen der Spekulation des Malebranche und jener der Stoiker? Ich falle in die Unwissenheit zurück, das Erbteil meiner Natur ist (Punkt II), und ich bete zu dem Gott, durch den ich denke, ohne zu wissen, wie ich denke.

XXII. Eine weitere Frage

Durch mein Weniges an Verstand überzeugt, dass es ein notwendiges, ewiges und intelligentes Wesen gibt, von dem ich meine Gedanken empfange, ohne das Wie und das Warum herausfinden zu können, frage ich mich, was das für ein Wesen sein mag, ob es die Gestalt jener mir überlegenen aktiven und intelligenten Existenzen in anderen Welten hat. Ich habe schon gesagt, dass ich darüber nichts weiß (Punkt I). Trotzdem kann ich nicht behaupten, dass dies unmöglich sei, sehe ich doch Planeten, die den meinen an Größe beträchtlich übertreffen und mehr Trabanten um sich herum haben als unsere Erde. Es geht keineswegs gegen die Wahrscheinlichkeit, dass sie von Wesen bevölkert wären, deren Intelligenz die meine weit überragt und die robustere, beweglichere und dauerhaftere Körper besitzen. Aber da ihre Existenz in keiner Beziehung zu der meinen steht, überlasse ich es den Poeten der Antike, Venus aus ihrem angeblich dritten Himmel herabsteigen zu lassen und Mars aus dem fünften. Ich habe nur die Einwirkung des notwendigen Wesens auf mich selbst zu erkunden.

XXIII. Ein einziger allerhöchster Werkmeister

Ein großer Teil der Menschen, die sahen, wie verbreitet das physisch und das moralisch Böse auf unserem Planeten sind, glaubten, es müsse zwei mächtige Wesen geben, von denen das eine alles Gute und das andere alles Böse hervorbrächte. Wenn sie existierten, wären sie notwendig; sie wären ewig, unabhängig; sie würden den gesamten Raum einnehmen; sie würden also an ein und demselben Ort existieren, sich also gegenseitig durchdringen; das ist absurd. Die Vorstellung von den zwei feindlichen Mächten kann ihren Ursprung nur in den Beispielen haben, die uns auf der Erde auffallen; wir sehen dort sanfte und grausame Menschen, nützliche und schädliche Tiere, gute Staatsführer und Tyrannen. Solcherart ersann man zwei konträre Mächte, die über die Natur herrschen; doch das ist nur ein asiatisches Märchen. Es gibt in der gesamten Natur eine offenkundige einheitliche Ausrichtung; die Gesetze der Bewegung und der Schwerkraft sind unveränderlich; es ist unmöglich, dass zwei allerhöchste Werkmeister, die einander völlig entgegengesetzt sind, denselben Gesetzen gefolgt wären. Allein dies schon bringt meiner Meinung nach das manichäische System[30] zum Einsturz, und man braucht keine dicken Bücher, um es zu bekämpfen.

Es gibt also eine einzige, ewige Macht, an die alles gebunden ist, von der alles abhängt, deren Natur mir aber unbegreiflich ist. Der heilige Thomas[31] sagte uns, Gott sei »ein reiner Akt, eine Form; er hat weder Geschlecht noch Prädikat, er ist die Natur und deren Auswirkung, er existiert essentiell, partizipativ und nunkupativ«. Als die Dominikaner an der Spitze der Inquisition standen, hätten sie jemanden, der diese hübschen Sachen leugnete, verbrannt. Nun, ich hätte sie nicht geleugnet; vielmehr hätte ich sie nicht verstanden.

Man sagt mir, Gott sei einfach;[32] ich gestehe demütig, dass ich auch die Bedeutung dieses Wortes nicht besser verstehe. Wohl wahr, ich würde ihm keine groben Teile zuschreiben, die ich auseinanderhalten könnte. Aber mir leuchtet nicht ein, dass das Prinzip und der Herr über alles, was im Raume ist, nicht selbst im Raume sein sollte. Strikt betrachtet erscheint mir die Einfachheit zu nah an einem Nicht-Sein, einem Nicht-Wesen. Dank seiner ungemeinen Schwachheit verfügt mein Verstand über kein Instrument, das fein genug wäre, diese Einfachheit zu erfassen. Der mathematische Punkt ist ja auch einfach, wird man mir sagen; aber der mathematische Punkt existiert nicht wirklich.

Nun heißt es oft, eine Vorstellung sei einfach, aber auch das verstehe ich nicht viel besser. Ich sehe ein Pferd, ich habe die Vorstellung von ihm, aber ich habe in ihm nur die

Ansammlung mehrerer Einzelattribute gesehen. Ich sehe eine Farbe; ich habe die Vorstellung von Farbe, aber diese Farbe ist ausgedehnt. Ich spreche die abstrakten Begriffe *Farbe allgemein, Böse, Gut, Wahrheit allgemein* aus; das rührt daher, dass ich farbige Dinge kennengelernt habe, Dinge, die mir gut oder böse, echt oder falsch erschienen, ich drücke das alles mit einem Wort aus, aber ich besitze keine klare Erkenntnis von Einfachheit. Ich weiß ebenso wenig, was das ist, wie ich weiß, was Unendlichkeit bei den reellen Zahlen ist.

Da ich bereits überzeugt bin, nicht zu wissen, wer ich bin, kann ich auch nicht in Erfahrung bringen, wer oder was mein Urheber ist. Meine Unwissenheit bedrückt mich in jedem Augenblick, und ich tröste mich damit, unablässig daran zu denken, dass es für mich unerheblich ist zu wissen, ob mein Herr sich im Universum befindet oder nicht, solange ich nicht gegen das Gewissen handele, das er mir eingegeben hat. Welches von all den Systemen, die sich die Menschen über die Gottheit ausgedacht haben, soll ich mir zu eigen machen? Keines – außer dem, dass ich zu ihm bete.

XIV. Spinoza

Nachdem ich mit Thales in das Wasser getaucht war, das er zu seinem Ersten Prinzip erklärt hat, nachdem ich mich mit Empedokles an seinem Feuer gebräunt hatte, nachdem ich mit den Atomen Epikurs in gerader Linie den leeren Raum durchlaufen hatte, gemeinsam mit Pythagoras Zahlen berechnet und seine Musik gehört, nachdem ich den Androgynen Platons meine Aufwartung gemacht und alle Regionen der Metaphysik und der Narrheit durchwandert hatte,[33] wollte ich endlich das System des Spinoza[34] kennenlernen.

Es ist nicht absolut neu; es bildet einige alte griechische Philosophen und sogar einige jüdische nach. Aber Spinoza hat getan, was kein griechischer Philosoph, erst recht kein jüdischer, je getan hat: Er hat eine beeindruckende geometrische Methode angewandt, um eine ordentliche Rechenschaft seiner Ideen zu liefern. Schauen wir einmal, ob er, indem er immer seinem Faden folgte, sich nicht methodisch verirrt hat.

Er hält zunächst eine unbestreitbare und leuchtende Wahrheit fest: Es gibt etwas, also existiert ewig ein notwendiges Wesen. Dieses Prinzip ist so wahr, dass der tiefgründige Samuel Clarke sich seiner bediente, um die Existenz Gottes zu beweisen.

Dieses Wesen muss sich überall befinden, wo etwas existiert, denn wer sollte ihm Grenzen setzen?

Dieses notwendige Wesen umfasst alles, was existiert; es gibt also tatsächlich nur eine einzige Substanz im All.

Diese Substanz kann keine andere schaffen, denn da sie ja bereits alles füllt, wo sollte eine zweite Substanz hin? Und wie kann ein Etwas aus dem Nichts geschaffen werden? Wie soll man einen Raum hervorbringen, ohne ihn in den Raum selbst zu platzieren, der schon notwendig existiert?

Es gibt in der Welt den Geist und die Materie. Die notwendige Substanz, die wir Gott nennen, ist daher das Denken und die Materie. Alles Denken und alle Materie sind deshalb in der Unermesslichkeit Gottes enthalten; es kann nichts außerhalb seiner geben; er kann nur innerhalb seiner selbst wirken; er umschließt alles; er ist alles.

So ist, was wir *verschiedene Substanzen* nennen, in Wahrheit nur die Allgemeinheit der verschiedenen Attribute des höchsten Wesens, das im Hirn der Menschen denkt, im Lichte strahlt, sich auf den Winden fortbewegt, im Donner kracht, in allen Sternen das Weltall durchfliegt und in der gesamten Natur lebt.

Er ist nicht wie ein hundsgewöhnlicher Erdenkönig in seinen Palast eingeschlossen, von seinen Untertanen abgetrennt; er ist mit ihnen inniglich vereint; sie sind notwendige Teile seiner selbst. Wäre er von ihnen verschieden, so wäre er auch kein notwendiges Wesen mehr, besäße keine Allgemeinheit mehr; er würde nicht sämtliche Orte ausfüllen, er wäre ein separates Wesen für sich, wie alle anderen.

Wenn auch sämtliche wechselnden Modalitäten im Universum Auswirkungen seiner Attribute sind, so bedeutet das laut Spinoza nicht, dass er Teile hätte; denn das Unendliche hat keine Teile im eigentlichen Sinne; wenn es welche hätte, könnte man ihm neue hinzufügen, und dann wäre es nicht mehr unendlich. Spinoza verkündet nun, dass man diesen notwendigen, unendlichen, ewigen Gott lieben müsse; hier seine eigenen Worte (Ausgabe von 1731, S. 45):

»Die Idee der Liebe zu Gott macht diesen ganz und gar nicht kleiner; ich meine sogar, dass keine andere Idee geeigneter ist, ihn größer zu machen, denn sie hat mich gelehrt, dass Gott meinem Wesen innigst verbunden ist, dass er mir meine Existenz und alle meine Eigenschaften gibt, und zwar gibt er sie mir unentgeltlich, ohne Groll und ohne Eigeninteresse, ohne mich etwas anderem zu unterwerfen als meiner eigenen Natur. Diese Idee bannt die Furcht, die Unruhe, das Misstrauen und all die Nachteile einer gemeinen und eigennützigen Liebe. Sie lässt mich fühlen, dass sie ein Gut ist, das ich nicht verlieren kann und das ich umso sicherer besitze, je besser ich Gott kenne und je mehr ich ihn liebe.«[35]

Diese Ideen verführten zahlreiche Leser; es gab sogar welche, die erst gegen ihn geschrieben hatten und sich nun seiner Meinung anschlossen.

Man warf dem gelehrten Bayle[36] vor, er habe Spinoza hart attackiert, ohne ihn verstanden zu haben. Hart – das finde ich auch; unberechtigt – das glaube ich nicht. Es wäre seltsam, wenn Bayle ihn nicht verstanden hätte. Er fand mit Leichtigkeit den Schwachpunkt dieses Wunderschlosses; er sah, dass Spinoza seinen Gott sehr wohl aus Teilen zusammensetzt, obwohl er sich gezwungen sieht, dies abzustreiten, weil ihm sein eigenes System unheimlich wird. Bayle sah, wie unsinnig es ist, aus Gott bald ein Gestirn und bald einen Kürbis zu machen, bald einen Gedanken, bald ein Stück Mist, bald einen Prügelnden, bald einen Geprügelten. Er sieht, dass diese Fabel noch weit unter der vom Proteus[37] steht. Vielleicht sollte sich Bayle mehr an das Wort *Modalitäten* halten als an das Wort *Teile*, denn das Wort *Modalitäten* ist der Ausdruck, den Spinoza ständig verwendet. Aber ob man das Exkrement eines Tieres nun eine Modalität oder einen Teil des Allerhöchsten Wesens nennt – beides ist, wenn ich mich nicht irre, gleichermaßen ungehörig.

Zwar wendet Bayle sich nicht gegen die Argumente, mit denen Spinoza die Unmöglichkeit der Schöpfung belegen will; aber das liegt daran, dass die Schöpfung im engeren Sinne ein Objekt des Glaubens ist und nicht der Philosophie. Und Spinozas Meinung zur Schöpfung gehört keineswegs ihm allein; die ganze Antike hat gedacht wie er. Bayle attackiert nur die absurde Idee eines einfachen Gottes, der aus

Teilen zusammengesetzt ist, eines Gottes, der sich selber isst, sich selber verdaut, der ein und dieselbe Sache gleichzeitig hasst und liebt, usw. Spinoza bedient sich immer des Wortes *Gott*, Bayle belegt ihn mit eigenen Ausdrücken.

Im Grunde aber erkennt Spinoza gar keinen Gott an; er hat diesen Begriff nur verwendet und sagt, man müsse Gott lieben und ihm dienen nur, um die Menschen nicht zu erschrecken. Er scheint ein Atheist im vollen Umfang dieser Bezeichnung; er ist kein Atheist wie Epikur, der die Existenz untätiger und unnützer Götter anerkannte; sein Atheismus ist nicht der, den die meisten Griechen und Römer vertraten, die sich nichts aus den Göttern des Pöbels machten. Spinoza ist Atheist, weil er keine Vorsehung anerkennt; für ihn existieren nur die Ewigkeit, die Unermesslichkeit und die Notwendigkeit der Dinge. Er ähnelt hierin Straton und Diagoras; er zweifelt nicht wie Pyrrhon,[38] er behauptet; und was behauptet er? Dass es nur eine einzige Substanz gibt, dass es keine zwei geben kann; und diese eine Substanz ist ausgedehnt [Materie] und denkt [Geist]. Dies haben die griechischen und die asiatischen Philosophen nie gesagt, die zumindest eine Weltseele anerkannten.

Er spricht an keiner Stelle seines Buches von einem zweckgerichteten Plan, der sich in allen Wesen offenbart. Er untersucht nicht, ob die Augen zum Sehen, die Ohren zum Hören, die Füße zum Gehen, die Flügel zum Fliegen gemacht sind. Er beachtet weder das Gesetz der Bewegung in den Tieren und den Pflanzen, noch deren Bau, der diesem exakt entgegenkommt, noch die profunde Mathematik, die den Lauf der Gestirne steuert. Er fürchtet, wahrnehmen zu müssen, dass alles, was existiert, eine göttliche Vorsehung bezeugt. Er geht nicht von den Wirkungen zu ihrer

Ursache zurück. Vielmehr will er den Ursprung der Dinge kurzerhand höchstselbst bestimmen und baut sein Gefabel auf einer Vermutung auf, wie es schon Descartes bei dem seinen getan hatte. Er vermutete wie Descartes den vollen Raum, obwohl doch eindeutig feststeht, dass im vollen Raum keine Bewegung möglich ist. Aber diese Grundannahme ist es, die ihn dazu brachte, das Universum als eine einzige Substanz zu betrachten. Hier wurde er zum Opfer seines geometrischen Geistes. Warum hat Spinoza, der doch nicht daran zweifeln konnte, dass Intelligenz und Materie existieren, nicht wenigstens ansatzweise untersucht, ob nicht die Vorsehung alles geordnet hat? Warum warf er keinen Blick auf diese Triebkräfte, diese Mittel, deren jedes seinen Zweck hat, warum forschte er nicht, ob sie einen allerhöchsten Werkmeister beweisen? Er musste schon ein recht ignoranter Physiker sein oder aber ein von einer höchst dümmlichen Arroganz aufgeblasener Sophist, um nicht jedes Mal, wenn er atmete oder sein Herz schlagen fühlte, eine Vorsehung zu erkennen; denn dieses Atemholen und diese Bewegung des Herzens sind die Wirkungen einer so komplizierten, so geschickt zusammengesetzten, mit einer so allmächtigen Kunstfertigkeit arrangierten Maschinerie, abhängig von so vielen Triebkräften, die aber alle auf den gleichen Zweck hinlaufen, dass es unmöglich ist, sie nachzuahmen, und es einem Menschen mit Verstand unmöglich ist, sie nicht zu bewundern.

Die modernen Spinozisten antworten: Erschreckt nicht über die Schlussfolgerungen, die ihr uns unterstellt. Wir finden wie ihr in den organisierten Körpern und in der gesamten Natur eine Reihe bewundernswerter Wirkungen. Die ewige Ursache liegt in dem ewigen Geist, den wir anerkennen und der zusammen mit der Materie die Universalität der Dinge bildet, die Gott ist. Es gibt nur eine einzige Substanz, die durch die Modalität ihres Geistes auf die gleichgeartete Modalität der Materie einwirkt und die solchermaßen das Universum konstituiert, das ein einziges unauftrennbares Ganzes ist.

Wir erwidern auf diese Antwort: Wie wollt ihr uns beweisen, dass der Geist, der die Gestirne bewegt, der den Menschen belebt, der alles tut, eine Modalität des Allerhöchsten Wesens sei, und die Ausscheidung einer Kröte oder eines Wurms seien eine weitere Modalität desselben? Wagt ihr zu behaupten, ein so merkwürdiges Prinzip sei euch einleuchtend dargelegt worden? Verbergt ihr nicht eure Unwissenheit hinter Worten, die ihr nicht versteht? Bayle hat die Sophismen eures Meisters sehr fein herausgearbeitet, die in den Winkelzügen und den Nebulositäten des vorgeblich geometrischen, tatsächlich aber hochkonfusen Stils dieses Meisters stecken. Ich verweise euch an diesen Gelehrten; Philosophen dürfen Bayle nicht ablehnen.

Wie dem auch sei, ich möchte betonen, dass Spinoza in völlig gutem Glauben auf seine Irrwege geraten ist. Es scheint mir, er hat Ideen, die ihm hätten schaden können, aus seinem System verbannt, weil er zu voll von seinen eigenen war. Er ging seinen Weg, ohne achtzuhaben auf das, was ihm in die Quere kommen konnte; das geschieht uns ja nur zu oft. Mehr noch, er verwarf alle Prinzipien der Moral – und praktizierte selbst eine rigide Tugend. Er war so nüchternheitsversessen, dass er nicht mehr als eine Pinte Wein im Monat trank; so uneigennützig, dass er den Erben des unglücklichen Jan de Witt[39] die Zahlung einer Pension von 200 Gulden erließ, die ihm dieser große Mann einst verschafft hatte; so großzügig, dass er sein Vermögen weggab; stets duldsam in seinen Krankheiten und seiner Armut; stets gleichförmig in seinem Verhalten.

Bayle, der ihn so heruntermachte, besaß fast den gleichen Charakter. Der eine wie der andere suchte zeit seines Lebens die Wahrheit, nur auf unterschiedlichen Wegen. Spinoza baute ein System, das in einigen Punkten ansprechend, im Ganzen aber irrig war. Bayle bekämpfte grundsätzlich alle Systeme. Was haben nun die Schriften des einen und des anderen erreicht? Sie haben ein paar müßige Leser beschäftigt – hierauf beschränkt sich die Wirkung aller Schriften. Von Thales bis zu den Professoren unserer Universitäten und bis hin zu den überspanntesten Vernunftpropheten und ihren Plagiatoren – nie hat irgendein Philosoph auch nur die Sitten der Leute aus der Straße beeinflusst, in der er lebte. Warum? Weil die Menschen ihr Verhalten nach Brauch und Gewohnheit ausrichten und nicht nach der Metaphysik. Ein einzelner eloquenter, gewandt auftretender und glaubwürdiger Mensch kann viel in den Menschen bewegen; hundert Philosophen können nichts dergleichen – solange sie nur Philosophen sind.

XXV. Absurditäten

Da haben wir nun viele Reisen in unbekannte Länder unternommen; auch das ist noch gar nichts. Ich komme mir vor wie einer, der auf dem Meer herumgeirrt ist und, wenn er die Malediven-Inseln erblickt, die verstreut im Indischen Ozean liegen, sie alle besuchen will. Meine große Reise hat mir nichts gefruchtet; schauen wir, ob ich irgendeinen Nutzen daraus ziehe, wenn ich diese kleinen Inseln in Augenschein nehme, die offenbar zu nichts anderem dienen, als einem den Weg zu versperren.

Es gibt an die hundert philosophische Seminare, wo man mir Dinge erklärt, von denen niemand den mindesten Begriff haben kann. Da will mir einer die Dreieinigkeit mithilfe der Physik verständlich machen; sie ähnele, behauptet er, den drei Dimensionen der Materie. Ich lasse ihn reden und gehe schnell weiter. Ein anderer meint, er könne mir die Transsubstantiation nahebringen, indem er mir anhand der Bewegungsgesetze dartut, wie ein Akzidens ohne Subjekt existieren und wie ein und derselbe Körper gleichzeitig an zwei Orten sein kann. Ich verstopfe mir die Ohren und gehe noch schneller weiter.

Pascal – jawohl, jener Blaise Pascal, der Autor der *Lettres provinciales* – hat Folgendes von sich gegeben: »Glaubt ihr, Gott könne unmöglich unendlich und ohne Teile sein? Ich will euch etwas Unteilbares und Unendliches zeigen, einen Punkt nämlich, der sich mit unendlicher Geschwindigkeit überallhin bewegt, denn er ist an allen Orten, und zwar ganz.«[40]

Ein mathematischer Punkt, der sich bewegt! Gütiger Himmel! Ein Punkt, der nur im Kopf des Geometers existiert, der überall und zur gleichen Zeit ist und der eine unendliche Geschwindigkeit hat, als könne es eine unendliche Geschwindigkeit tatsächlich geben! Jedes Wort ist eine Torheit, und der diese Torheiten gesagt hat, war ein großer Mann.

»Ihre Seele ist einfach, unkörperlich, unberührbar«, sagt der andere mir, »und weil kein Körper sie berühren kann, werde ich Ihnen mittels der Physik Alberts des Großen[41] beweisen, dass Ihre Seele physisch verbrennen wird, wenn Sie sich meiner Meinung nicht anschließen; ich beweise es Ihnen *a priori* und stütze Albertus noch durch die Syllogismen des Abelly.«[42] Ich antworte ihm, dass ich sein *a priori* nicht verstehe; dass ich sein Kompliment sehr grob finde; dass nur die Offenbarung – und das Gespräch zwischen ihm und mir sei keine – mich eine so unverständliche Sache lehren könne; dass ich ihm erlaube, nicht meiner Meinung zu sein, ohne ihm mit irgendetwas zu drohen; und ich entferne mich von ihm, da ich befürchte, er könnte mir etwas Übles antun; denn dieser Mann scheint mir sehr bösartig.

Eine ganze Schar von Sophisten aus allen Ländern und aus allen Sekten überhäuft mich mit unverständlichen Argumenten zur Natur der Dinge, zu meiner Natur, zu meinem früheren, jetzigen und künftigen Zustand. Wenn man mit ihnen über Essen und Trinken spricht, über Kleidung, Wohnung, die fürs tägliche Leben notwendigen Dinge, das Geld, das man für ihre Anschaffung benötigt, verstehen sich alle bestens; wenn es ein paar Groschen zu verdienen gibt, sind alle hellwach und strengen sich an; keiner verrechnet sich auch nur um einen Heller; wenn es hingegen um unser gesamtes Sein geht, bringen sie keine klare Idee zustande; da verlässt sie der gesunde Menschenverstand. Dies führt mich zurück zu meiner ersten These (Punkt IV): Was nicht allgemein Nutzen bringt, was dem normalen Menschen nicht zugänglich ist, was selbst die nicht verstehen, die ihre Denkfähigkeit am meisten ausgebildet haben – das braucht die Menschheit nicht.

XXVI. Über die beste der Welten

Da ich mich nach allen Seiten wandte, um mich zu unterrichten, traf ich auf Schüler Platons. »Kommen Sie mit uns«, sagte einer von ihnen zu mir, »Sie befinden sich in der besten der Welten. Wir sind längst weiter als unser Lehrmeister. Zu seiner Zeit gab es nur fünf mögliche Welten, weil es ja auch nur fünf regelmäßige Körper gibt.[43] Aber heute gibt es unendlich viele mögliche Universen, und Gott hat das beste davon erwählt; kommen Sie, und es wird Ihnen dort bestens ergehen.« Ich antwortete ihm in aller Demut: »Von den Welten, die Gott zu erschaffen in der Hand hatte, waren die einen besser als die anderen, oder sie waren vollkommen gleichwertig, oder schlechter. Die schlechtere konnte er nicht nehmen; wenn sie gleichwertig waren, falls es das gab, verdienten sie den Vorzug nicht; sie waren ja gänzlich dieselben; man konnte unter ihnen keine Auswahl treffen: Die eine nehmen hieß die andere nehmen. Es ist also unmöglich, dass er nicht die beste nahm. Aber wie waren die anderen möglich, wenn es unmöglich war, dass sie existierten?«

Er antwortete mit sehr schönen Unterscheidungen und versicherte immerfort, ohne sich selbst zu verstehen, dass diese Welt hier die beste aller wirklich möglichen Welten sei. Ich litt allerdings damals an Steinen und wurde von unerträglichen Schmerzen gepeinigt; deshalb brachten mich die Bürger der besten Welt ins nächste Spital. Unterwegs wurden zwei dieser glücklichen Bewohner von zwei anderen Geschöpfen, beide ihresgleichen, weggeschleppt; man schlug sie in Ketten, den einen wegen ein paar Schulden, den anderen aufgrund eines bloßen Verdachts.

Ich weiß nicht, ob man mich in das beste aller möglichen Spitäler brachte; jedenfalls wurde ich zwischen zwei- oder dreitausend Elende eingepfercht, die wie ich litten. Da waren ein paar Verteidiger des Vaterlandes, die mir berichteten, man habe sie bei lebendigem Leibe trepaniert und seziert, ihnen Arme und Beine abgenommen, auch habe man mehrere Tausend ihrer edelmütigen Mitkämpfer in einer der dreißig Schlachten des letzten Krieges massakriert – des letzten Krieges, der, seitdem wir Kriege kennen, ungefähr der hunderttausendste war. Man sah in diesem Hause auch Personen beiderlei Geschlechts, die den Anblick scheußlicher Gespenster boten und die man mit einem gewissen Metall einrieb,[44] weil sie dem Gesetz der Natur gefolgt waren, und die Natur war so sorgsam, in ihnen – ich weiß nicht wie – den Quell des Lebens zu vergiften. Ich dankte meinen beiden Begleitern.

Nachdem man mir ein sehr scharfes Eisen tief in meine Blase gestoßen und einige Mineralien aus diesem Steinbruch entfernt hatte; nachdem ich geheilt war und mir für den Rest meines Lebens nur ein paar schmerzhafte Unannehmlichkeiten blieben, machte ich meinen Begleitern ein paar Vorhaltungen, ich nahm mir die Freiheit, ihnen zu sagen, dass zweifellos Gutes in dieser Welt vorhanden sei, denn man hatte mir vier Kiesel tief aus meinen zerrissenen Eingeweiden gezogen; doch wäre es mir noch lieber gewesen, man hätte mich hinters Licht geführt, statt sich meiner Blase als Steinbruch zu bedienen.[45] Ich sprach zu ihnen über die unzähligen Übel und Verbrechen, von denen diese hervorragende Welt wimmelt. Der Unerschrockenste unter ihnen – ein Deutscher, mein Landsmann[46] – ließ mich wissen, das sei doch alles eine Lappalie.

»Es war«, sagte er, »eine große Gunst des Himmels gegenüber dem menschlichen Geschlecht, dass Tarquinius Lukrezia vergewaltigte[47] und Lukrezia sich erstach. Diese Vorfälle lieferten den Anlass, die Tyrannen zu vertreiben; dank der Vergewaltigung, des Freitodes und des Krieges etablierte sich eine Republik, die das Glück der eroberten Völker wurde.«

Ich hatte Mühe, dieses Glück zu bejahen. Ich verstand nicht gleich, worin die Glückseligkeit der Gallier und der Spanier bestand, von denen Cäsar, wie es heißt, drei Millionen zu Tode brachte. Auch die Verwüstungen und Plünderungen erschienen mir einigermaßen unerfreulich; aber der Vertreter des Optimismus rückte nicht von seinem Standpunkt ab; er sagte zu mir dauernd wie der Kerkermeister des Don Carlos: *Ruhig, ruhig, es ist zu Eurem Besten.*[48] Aufs Äußerste getrieben, sagte er schließlich, es lohne sich gar nicht, sich mit diesem Kügelchen Erde zu beschäftigen, wo alles schiefläuft; dass aber im Gestirn Sirius, im Orion, im Auge des Stiers alles zum Besten stehe. »Dann nichts wie hin«, sagte ich zu ihm.

Da zog mich ein kleiner Theologe beiseite und vertraute mir an, dass diese Leute Schwärmer seien. Es sei absolut nicht notwendig, dass Böses auf der Erde bestehe, sie sei vielmehr ausdrücklich mit dem Ziel gemacht, dass immer nur Gutes auf ihr existiere. »Und um Ihnen dies zu beweisen, verrate ich Ihnen, dass es einstmals zehn bis zwölf Tage lang wirklich der Fall war.« »Ach«, erwiderte ich ihm, »wie jammerschade, Hochwürden, dass es nicht so weitergegangen ist.«

XXVII. Von Monaden usw.

Nun bemächtigte der oben erwähnte Deutsche sich meiner wieder, indoktrinierte mich und belehrte mich klipp und klar, was meine Seele sei: »Alles in der Natur ist aus Monaden[49] zusammengesetzt; Ihre Seele ist eine Monade; und weil sie mit allen anderen Monaden auf der Welt zusammenhängt, hat sie notwendigerweise Ideen von allem, was darin vorgeht. Diese Ideen sind verschwommen, was sehr nützlich ist; und Ihre Monade ist, genau wie die meine, ein konzentrierter Spiegel unseres Universums.

Aber Sie dürfen nicht glauben, dass Ihre Handlungen eine Folge Ihres Gedankens seien. Es herrscht eine prästabilierte Harmonie[50] zwischen der Monade Ihrer Seele und allen Monaden Ihres Körpers, und zwar dergestalt, dass jedes Mal, wenn Ihre Seele eine Idee hat, Ihr Körper eine Handlung vollbringt, ohne dass das eine die Folge des anderen wäre. Die beiden sind wie zwei Pendeluhren, die im Gleichtakt gehen. Oder, wenn Sie wollen, stellen Sie sich zwei Menschen vor, von denen der eine predigt und der andere dazu die Gebärden macht. Sie werden leicht einsehen, dass dies in der besten der Welten so sein muss. Denn ...«

XVIII. Die plastischen Gestalten

Ich begriff von all diesen bewundernswerten Ideen absolut gar nichts. Ein anwesender Engländer namens Cudworth[51] bemerkte meine Ignoranz an meinem starren Blick, meiner Verwirrung, meinem gesenkten Haupt und sagte zu mir: »Diese Theorien scheinen Ihnen tief, weil sie hohl sind. Ich werde Ihnen genau erklären, wie die Natur wirkt. Da gibt es einmal die Natur allgemein; und dann gibt es plastische [bildende] Naturen, die alle Tiere und alle Pflanzen formen; verstehen Sie wohl?« – »Kein Wort, Monsieur.« – »Dann also weiter.

Eine plastische Natur ist keine körperliche Fähigkeit; sie ist eine immaterielle Substanz, die agiert, ohne zu wissen, was sie tut, die vollkommen blind ist, die nicht fühlt, nicht denkt, nicht wächst. Doch hat die Tulpe ihre plastische Form, die sie wachsen lässt, der Hund seine plastische Form, die ihn jagen lässt, und der Mensch die seine, die ihn denken lässt. Diese Formkräfte sind die unmittelbaren Agenzien der Gottheit; es gibt keine loyaleren Diener auf der Welt als diese, denn sie geben alles und behalten nichts für sich. Sehen Sie, hier liegen die wahren Prinzipien der Dinge, und die plastischen Naturen sind mindestens so viel wert wie die prästabilierte Harmonie und die Monaden, die konzentrierten Spiegel des Universums.« Ich gab ihm zu, dass das eine allerdings so viel wert sei wie das andere.

XXIX. Über Locke

Nach all dem unseligen Herumgerenne, ermattet, ausgelaugt, beschämt darüber, so viele Wahrheiten gesucht und so viele Schimären gefunden zu haben, kam ich wie der verlorene Sohn, der sich wieder zu seinem Vater begibt, zurück zu Locke. Ich warf mich wieder in die Arme eines bescheidenen Mannes, der nie vortäuscht zu wissen, was er nicht weiß, der zwar keine immensen Reichtümer besitzt, aber dessen Kapital stets bestens gesichert ist und der über das solideste Gut verfügt, ohne im Geringsten damit zu renommieren. Er bestätigt mich in der Meinung, die ich von jeher vertrat, dass nichts in unseren Verstand gelangen kann als nur über die Sinne.

Dass es keine angeborenen Ideen gibt.

Dass wir weder eine Vorstellung von einem unendlichen Raum haben können noch von einer unendlichen Zahl.

Dass ich nicht immer denke und dass folglich das Denken nicht die Essenz, sondern die Aktion meines Verstandes ist.

Dass ich frei bin, wenn ich tun kann, was ich will.

Dass diese Freiheit nicht in meinem Willen liegen kann; weil, wenn ich freiwillig in meinem Zimmer bleibe, dessen Tür verschlossen ist, zu der ich keinen Schlüssel besitze, ich nicht die Freiheit habe, hinauszugehen; weil ich leiden muss, wenn ich nicht leiden will; weil ich mich sehr oft an meine Gedanken erinnern will, mich aber nicht an sie erinnern kann.

Dass es also eigentlich absurd ist zu sagen *Der Wille ist frei*, weil es ja auch absurd ist zu sagen *Ich will dies wollen*; das ist genau, als ob man sagte *Ich verlange, es zu verlangen*; *Ich fürchte, es zu fürchten*; dass schließlich der Wille ebenso wenig frei ist, wie er blau oder quadratisch ist (siehe Punkt XIII).

Dass ich nicht anders wollen kann als gemäß der übernommenen Ideen in meinem Hirn; dass ich gezwungen bin, mich nach diesen Ideen auszurichten, weil ich mich sonst ohne Grund ausrichten würde, was eine Wirkung ohne Ursache wäre.

Dass ich keine positive Idee des Unendlichen haben kann, weil ich höchst endlich bin.

Dass ich keine Substanz zu erkennen vermag, weil ich höchstens eine Vorstellung von ihren Eigenschaften haben kann, und dass tausend Eigenschaften einer Sache mir nicht deren innere Natur vermitteln, kann die Sache doch noch hunderttausend mir unbekannte Eigenschaften haben.

Dass ich nur in dem Maße derselbe bin, wie ich ein Gedächtnis habe und das Bewusstsein dieses Gedächtnisses. Da mir nicht der kleinste Teil meines Körpers so geblieben ist, wie er mir während meiner Kindheit eigen war, und ich auch nicht die kleinste Erinnerung an die Gedanken habe, die mich in jenem Alter umtrieben, besteht kein Zweifel, dass ich ebenso wenig das nämliche Kind von damals bin, wie ich Konfuzius bin oder Zoroaster. Zwar halten mich jene, die mich haben aufwachsen sehen und die immer um mich waren, für dieselbe Person, aber ich habe in keinerlei Hinsicht dieselbe Existenz; ich bin nicht mehr mein altes Ich; ich bin eine neue Identität, und welch eigenartige Folgen hat dies!

Dass es endlich, weil ich, wie ich mich überzeugt habe, zutiefst unwissend bin über die Grundursachen der Dinge, mir unmöglich ist zu erkennen, welcher Art die Substanzen sind, denen Gott die Gabe des Fühlens und des Denkens zu schenken geruht hat. Gibt es nun aber Substanzen, deren Essenz es ist zu denken, die immer denken und die aus sich selbst heraus denken? In diesem Falle wären diese Substanzen Götter, was auch immer sie sonst sein mögen; denn sie bedürfen des Allerhöchsten, ewig Wirkenden nicht, denn sie haben ihre Essenz ohne ihn, sie denken ohne ihn.

Zum Zweiten. Wenn das Ewige Wesen die Gabe zu empfinden und zu denken irdischen Wesen verliehen hat, so gab er ihnen, was ihnen nicht essentiell angehörte; er hat also diese Eigenschaft jedem Wesen verleihen können, welches auch immer es sei.

Drittens: Wir kennen kein Wesen voll und ganz; also ist es uns unmöglich zu wissen, ob es Gefühle und Gedanken anzunehmen in der Lage ist. Die Worte *Materie* und *Geist* sind nur Worte; und wir haben keinen vollständigen Begriff von diesen beiden Dingen. Es ist also letztlich genauso gewagt zu behaupten, dass ein von Gott selbst organisierter Körper nicht von Gott die Fähigkeit zu denken empfangen könne, wie es lächerlich ist zu sagen, dass der Geist nicht denken könne.

Viertens: Ich nehme an, dass es rein spirituelle Substanzen gibt, die nie die Idee der Materie und der Bewegung in sich hatten. Sollten sie darum leugnen, dass es Materie und Bewegung geben könnte?

Ich vermute, dass die gelehrte Kongregation, die Galilei[52] als gottlos und widersinnig verdammte, weil er die Bewegung der Erde um die Sonne bewiesen hatte, einige Kenntnis von den Ideen des Lordkanzlers Bacon[53] besaß, der zu prüfen vorschlug, ob der Materie anziehende Kraft eigen sei. Ich nehme an, der Berichterstatter dieses Tribunals wird jenen würdevollen Personen hinterbracht haben, es gebe da in England Leute, die verrückt genug seien zu mutmaßen, dass Gott jeder Materie, vom Saturn bis zu unserem Schmutzhäuflein hier, einen Drang zu einer Mitte geben könne, eine Anziehung, eine Schwerkraft, ganz unabhängig von jedem Antrieb, denn der Antrieb, den ein in Bewegung befindliches Fluid bewirke, funktioniert aufgrund der Oberfläche, während die Schwerkraft aufgrund der Masse fester Körper funktioniert. Sie können sich wohl denken, was diese Richter über die menschliche Vernunft und über

Gott selbst jetzt taten: sofort ihre Urteile diktieren, jene Schwerkraft anathematisieren, die Newton[54] seither bewiesen hat; verkünden, dergleichen sei Gott unmöglich, und die Schwerkraft zu einem Zentrum hin zur Blasphemie erklären. Mir scheint, ich selber machte mich der gleichen Vermessenheit schuldig, wenn ich zu behaupten wagte, Gott könne überhaupt kein organisiertes Wesen fühlen und denken machen.

Fünftens: Ich kann nicht bezweifeln, dass Gott der organisierten Materie der Tiere Empfindungen, Gedächtnis und folglich Ideen gewährt hat. Warum sollte ich dann leugnen, dass er dasselbe Geschenk auch uns anderen Tieren gemacht hat? Es wurde schon festgestellt: Die Schwierigkeit besteht weniger darin zu wissen, ob die organisierte Materie denken kann, als zu wissen, wie ein Wesen denkt, welches auch immer.

Das Denken, niemand bezweifelt es, hat etwas Göttliches, und deshalb werde ich auch nie wissen, was ein denkendes Wesen ist. Das Prinzip der Bewegung ist göttlich, und nie werde ich die Ursache jener Bewegung kennen, deren Gesetze all meine Glieder ausführen.

Das Kind des Aristoteles zog, da es gesäugt wurde, die Brust der Amme in seinen Mund, indem es nämlich mit seiner Zunge, die es zurückbog, nichts anderes als eine pneumatische Maschine bildete, indem es die Luft herauspumpte, indem es einen leeren Raum schuf – während sein Vater von alldem nichts wusste und aufs Geratewohl verkündete, dass der Natur vor der Leere graue.[55]

Das Kind des Hippokrates[56] bewies mit vier Jahren den Blutkreislauf, als es mit dem Finger über seine Hand strich; und Hippokrates wusste nicht, dass das Blut kreist.

Wir alle sind solche Kinder, ohne Ausnahme; wir bringen bewundernswerte Dinge zustande, und keiner der Philosophen weiß, wie sie zustande kommen.

Sechstens: Hier die Erkenntnisse oder vielmehr die Zweifel, die mein Verstand aus den Sätzen des bescheidenen Locke zieht. Noch einmal: Ich sage nicht, dass es die Materie ist, die in uns denkt; ich sage mit ihm, dass es uns nicht zusteht zu behaupten, Gott sei es unmöglich, der Materie das Denken zu geben; dass es absurd ist, dergleichen zu äußern, und dass es Erdenwürmern nicht zukommt, der Macht des Allerhöchsten Wesens Grenzen zu setzen.

Siebentens: Ich füge hinzu, dass diese Fragestellung der Moral vollständig fremd ist; denn ob die Materie nun denken kann oder nicht: Jeder, der denkt, muss auch gerecht sein, denn das Atom, dem Gott das Denken verliehen hat, kann sich Verdienste erwerben oder das Gegenteil, kann bestraft oder belohnt werden und ewig fortbestehen, genauso wie das andere Unbekannte, das einst *Atem* hieß und das man heute *Geist* nennt,[57] von dem wir noch weniger Kenntnis haben als von einem Atom.

Ich weiß wohl, dass diejenigen, die glaubten, nur das Wesen namens *Atem* sei imstande zu empfinden und zu denken, jene verfolgten, die sich auf die Seite des weisen Locke stellten und nicht wagten, Gottes Macht zu begrenzen und zu behaupten, dieser könne lediglich diesen Atem beleben. Doch als die ganze Welt glaubte, die Seele sei ein leichter Körper, ein Hauch, eine Feuersubstanz, hätte man da recht getan, diejenigen zu verfolgen, die uns lehren wollten, die Seele sei immateriell? All die Kirchenväter, die in der Seele einen feinzarten Körper sahen – hätten sie zu Recht die anderen Väter verfolgt, die den Menschen die Idee einer vollkommenen Immaterialität nahebrachten? Ganz gewiss nicht, denn Verfolgung ist etwas Abscheuliches. Daher mussten denn jene, welche die vollkommene Immaterialität vertraten, ohne sie zu verstehen, diejenigen tolerieren, die sie verwarfen, weil sie sie nicht verstanden. Jene, die Gott die Macht bestritten, das unbekannte Wesen namens Materie zu animieren, mussten auch diejenigen tolerieren, die nicht wagten, Gott diese Macht abzusprechen: Denn wenig ehrenvoll ist es, einander um Syllogismen willen zu hassen.

XXX. Was habe ich bis hierher gelernt?

Ich habe also mit Locke und mir selbst alles zusammengerechnet und fand mich im Besitz von vier bis fünf Wahrheiten, fand mich mehrerer hundert Irrtümer entledigt und angefüllt mit einer ungeheuren Menge von Zweifeln. Ich sagte anschließend zu mir selbst: Diese paar Wahrheiten, die ich mithilfe meiner Vernunft erworben habe, werden in meinen Händen ein unfruchtbares Gut bleiben, wenn ich aus ihnen nicht ein moralisches Prinzip herleiten kann. Zwar ist es eine schöne Sache für ein armseliges Tier wie den Menschen, dass er sich zur Erkenntnis des Meisters der Natur emporgeschwungen hat; aber das nützt mir ebenso wenig wie die Wissenschaft der Algebra, wenn ich aus ihr nicht irgendeine Regel für die Führung meines Lebens ziehen kann.

XXXI. Gibt es eine Moral?

Je mehr ich Menschen kennengelernt habe, die sich durch die Klimazonen, in denen sie leben, durch ihre Sitten, ihre Sprache, ihre Religion und das Maß ihrer Intelligenz unterschieden, desto mehr habe ich bemerkt, dass ihnen allen ein gemeinsames Fundament hinsichtlich der Moral eigen ist. Sie haben alle eine grobe Vorstellung von Recht und Unrecht, ohne ein Wort Theologie zu kennen. Sie alle haben diese Vorstellung in dem Alter erworben, da die Vernunft sich entfaltet, genauso wie sie auf ganz natürliche Weise die Kunst erlernten, Lasten mithilfe von Stöcken hochzuheben und einen Bach auf einem Stück Holz zu überqueren, ohne Mathematik studiert zu haben.

Mir scheint, dass diese Idee von Recht und Unrecht ihnen notwendig ist, denn sie alle stimmen darin überein, sobald sie handeln und denken können. Die Allerhöchste Intelligenz, die uns gebildet hat, wollte offenbar, dass auf der Erde Gerechtigkeit herrsche, damit wir dort eine gewisse Zeit leben können. Nachdem wir weder, wie die Tiere, den Instinkt besitzen, uns zu ernähren, noch natürliche Waffen wie sie, und etliche Jahre in kindlicher Verletzlichkeit dahinleben und sämtlichen Gefahren ausgesetzt sind, will mir scheinen, dass die wenigen Menschen, die den Zähnen der wilden Tiere, dem Hunger, dem Elend entkamen, sich darauf verlegt hätten, einander das bisschen Nahrung und die paar Tierfelle streitig zu machen und sich wie die Abkömmlinge, die der Drachensaat des Kadmos entsprangen, gegenseitig vernichtet hätten, sobald sie sich einer Waffe zu bedienen wussten.[58] Jedenfalls gäbe es keinerlei Gesellschaft, wenn die Menschen nicht die Idee erhalten hätten, es müsse ein gewisses Maß an Gerechtigkeit sein, denn sie ist das Band jeder Gesellschaft.

Wie hätten der Ägypter, der Pyramiden und Obelisken errichtete, und der nomadisierende Skythe, der nicht einmal Hütten kannte, gleiche Grundvorstellungen von Recht und Unrecht haben können, wenn Gott nicht von Anbeginn dem einen wie dem anderen jene Vernunft verliehen hätte, die, da sie sich entwickelte, sie jene gleichen notwendigen Gesetze erkennen ließ, so wie er ihnen ja auch Organe gegeben hat, die, sobald sie ihre volle Stärke erreichten, notwendig und auf die gleiche Weise für den Fortbestand des skythischen wie des ägyptischen Stammes sorgten? Da sehe ich eine barbarische Horde, unwissend, abergläubisch, ein blutrünstiges und Wucher betreibendes Volk, das in seinem Kauderwelsch nicht einmal Termini für die Gegebenheiten der Geometrie und der Astronomie besaß;[59] und doch hatte es die gleichen Grundgesetze wie die weisen Chaldäer, die den Lauf der Gestirne kannten, und wie die noch gelehrteren Phönizier, die ihr Wissen über die Sterne nutzten, um Kolonien zu gründen am Rand der Hemisphäre, wo der Ozean sich mit dem Mittelmeer vereint. Alle diese Völker sind überzeugt, dass man Vater und Mutter ehren muss; dass Meineid, Verleumdung, Totschlag verabscheuungswürdig sind. Sie ziehen also alle dieselben Konsequenzen aus demselben Prinzip ihrer entwickelten Vernunft.

XXXII. Wirklicher Nutzen. Wissen um die Gerechtigkeit

Die Vorstellung, dass etwas gerecht ist, scheint mir so selbstverständlich, so allgemein von allen Menschen akzeptiert, dass sie unabhängig ist von jedem Gesetz, jedem Bündnis, jeder Religion. Wenn ich einen Türken, einen Zoroastrier, einen Malabaren bitte, mir das Geld zurückzugeben, das ich ihm geliehen habe, damit er sich nähren und kleiden konnte, käme ihm nie in den Sinn, mir zu antworten: »Warten Sie, bis ich weiß, ob Mohammed, Zoroaster oder Brahma mich anweisen, Ihnen Ihr Geld zurückzugeben.« Er wird befinden, es sei gerecht, dass er mich auszahlt, und wenn er es nicht tut, dann haben seine Armut oder sein Geiz die Oberhand gewonnen über die Gerechtigkeit, die er durchaus anerkennt.

Für mich steht fest, dass kein Volk es für gerecht, schicklich, anständig, ehrenhaft befindet, Vater und Mutter den Unterhalt zu verweigern, wenn man diesen aufbringen kann; und dass keine Volksgemeinschaft jemals die Verleumdung für eine gute Handlung gehalten haben kann, selbst eine Gesellschaft bigotter Fanatiker nicht.

Die Idee der Gerechtigkeit scheint mir dermaßen eine Wahrheit ersten Ranges, der die ganze Welt beipflichtet, dass die größten Missetaten, welche die menschliche Gesellschaft bedrücken, alle unter dem falschen Vorwand der Gerechtigkeit verübt werden. Das schlimmste Verbrechen, zumindest das zerstörerischste und folglich das dem Zweck der Natur am heftigsten zuwiderlaufende, ist der Krieg; aber es gibt keinen Aggressor, der diesen Frevel nicht mit dem Vorwand einfärbt, Recht zu stiften.

Die römischen Oberräuber ließen alle ihre Invasionen durch *fetiales* genannte Priester für gerecht erklären. Jeder Bandit, der sich an der Spitze eines Heeres befindet, beginnt seine Gräuel mit einer großartigen Erklärung und fleht den Kriegsgott um Beistand an.

Selbst die niederrangigen Diebe sagen, wenn sie sich zusammentun, mitnichten: »Kommt, wir rauben, plündern die armen Witwen und Waisen!« Sie sagen: »Lasst uns gerecht sein, entreißen wir das Gut, das unser ist, den Reichen, die sich dessen bemächtigt haben.« Sie verwenden einen Jargon, den sie *argot* nennen und den es seit dem 16. Jahrhundert sogar gedruckt gibt. Wörter wie *Diebstahl, Raub, Plünderung* finden sich darin nicht; sie verwenden dafür Begriffe, die *einnehmen* oder *zurückholen* entsprechen.

Das Wort »Unrecht« wird niemals in einem Staatsrat fallen, in dem man den ungerechtesten Mord bespricht; Verschwörer, nicht einmal die blutrünstigsten, haben noch nie gesagt: »Lasst uns eine Missetat begehen.« Sie haben alle gesagt: »Rächen wir unser Vaterland und bestrafen wir den Tyrannen für seine Verbrechen; lassen wir ihn sühnen, was uns als ein Unrecht erscheint.« Mit einem Wort: feige Schmeichler, barbarische Minister, verruchte Verschwörer, bis zum Hals im Bösen steckende Räuber – sie alle huldigen genau der Tugend, die sie mit Füßen treten.

Es hat mich immer gewundert, dass man bei den Franzosen, die doch aufgeklärt und gesittet sind, auf ihrem Theater jene ebenso abscheulichen wie falschen Maximen geduldet hat, die in der ersten Szene des *Pompeius* vorkommen und noch viel heftiger ausfallen als die Formulierungen Lukans, denen sie nachgestaltet sind:

Recht und Gerechtigkeit sind nichts für eine Krone;
Des Königs eignes Recht liegt darin, dass er nie verschone.[60]

Und man lässt diese grässlichen Worte auch noch Photin sagen, den Minister des jungen Ptolemäus. Dabei müsste er, eben weil er Minister ist, genau das Gegenteil äußern; er müsste den Tod des Pompeius als eine Untat darstellen, die aber notwendig und gerecht ist.

Ich glaube daher, dass die Vorstellungen von Recht und Unrecht ebenso klar, ebenso allgemein sind wie die Vorstellungen von Gesundheit und Krankheit, von Wahrheit und Falschheit, von Schicklichkeit und Unschicklichkeit. Die Grenzen des Rechts und des Unrechts sind sehr schwer zu ziehen, wie auch der Mittelzustand zwischen Gesundheit und Krankheit, zwischen dem, was schicklich ist, und dem Unschicklichen, zwischen Wahr und Falsch schwer zu bestimmen ist. Hier vermengen sich Nuancen, aber deren grelle Farben springen in aller Augen. Zum Beispiel werden alle Menschen zugeben, dass man, was man sich geliehen hat, zurückerstatten muss; wenn ich aber mit Sicherheit weiß, dass der, dem ich zwei Millionen schulde, mein Vaterland mithilfe dieses Geldes unterjochen wird, soll ich ihm diese unheilvolle Waffe dann zurückgeben? Da teilen sich die Meinungen; grundsätzlich aber muss ich mich an meinen Eid halten, sofern nichts Schlimmes daraus entsteht; das hat nie jemand bezweifelt.

XXXIII. Ist allgemeine Übereinstimmung ein Wahrheitsbeweis?

Man könnte mir entgegnen: Wenn die Menschen aller Zeiten und aller Länder in einer Sache übereinstimmen, ist dies kein Beweis für deren Wahrheit. Alle Völker haben an Magie, Verwünschungen, Dämonismus, Erscheinungen, an den Einfluss der Gestirne und an hundert ähnliche Torheiten geglaubt. Könnte es sich mit Recht und Unrecht nicht genauso verhalten?

Ich denke, nein. Erstens stimmt es nicht, dass alle Menschen an diese Schimären geglaubt haben. Die waren in Wahrheit die Leibspeise des Pöbels aller Schichten; denn es gibt den Volkspöbel und den Vornehmenpöbel. Aber ganze Scharen von Weisen haben diese Dummheiten immer nur belächelt. Das Bestehen von Recht und Unrecht hingegen haben jene vielen Weisen stets gelten lassen, wie ja auch der Pöbel, nur entschiedener noch.

Der Glaube an Zauberei, Dämonismus usw. ist dem Menschengeschlecht bei weitem nicht notwendig; der Glaube an die Gerechtigkeit jedoch ist ihm von unbedingter Notwendigkeit. Er ist daher eine Fortentwicklung der Vernunft, die Gott uns geschenkt hat, während die Vorstellung von Hexerei, Besessenheit usw. eine Pervertierung ebenjener Vernunft ist.

XXXIV. Gegen Locke I

Locke bringt mir viel bei und lehrt mich, mir selber zu misstrauen; aber täuscht nicht auch er sich manchmal wie ich selbst? Er will beweisen, dass es keine angeborenen Ideen gibt; aber mengt er nicht unter seine sehr starken Begründungen eine grundfalsche? Er räumt ein, dass es nicht recht ist, seinen Nächsten in einem Kessel zu sieden und aufzuessen. Er sagt, es habe jedoch kannibalische Völker gegeben; und diese denkenden Wesen hätten keine Menschen gegessen, wenn sie die Vorstellung von Recht und Unrecht gehabt hätten, die ich als dem Menschengeschlecht notwendig erachte (siehe Punkt XXXVI).

Ohne hier eine Diskussion darüber zu beginnen, ob es menschenfresserische Völker gegeben hat, ohne die Berichte des Forschungsreisenden Dampier[61] genauer zu untersuchen, der ganz Amerika durchstreift hat und dergleichen niemals antraf, sondern im Gegenteil von allen Wilden höchst human empfangen wurde, antworte ich dies:

Sieger haben ihre im Krieg erbeuteten Sklaven verspeist – sie glaubten vollkommen gerecht zu handeln; sie glaubten, sie hätten das Recht, über ihr Leben und ihren Tod zu bestimmen; und weil es ihnen an feinen Speisen für ihre Tafel mangelte, glaubten sie, sich von den Früchten ihres Sieges nähren zu dürfen. Sie waren in dieser Hinsicht gerechter als die römischen Triumphatoren, die ohne erkennbaren Nutzen die gefangenen Fürsten erwürgen ließen, die sie an ihre Triumphwagen gekettet hatten. Die Römer wie die Wilden hatten, ich gebe es zu, eine grundfalsche Vorstellung von Gerechtigkeit; aber die einen wie die andern glaubten gerecht zu handeln. Und genauso wahr ist ja, dass dieselben Wilden, wenn sie ihre Gefangenen in ihre Gemeinschaft aufgenommen hatten, diese als ihre Kinder betrachteten. Und wahr ist ebenso, dass diese selben alten Römer uns Tausende von Beispielen für bewundernswerte Gerechtigkeit geliefert haben.

XXXV. Gegen Locke II

Ich bin mit dem gelehrten Locke darin einig, dass es keine angeborenen Begriffe, kein angeborenes Prinzip des Handelns gibt. Diese Wahrheit ist so unumstößlich, wie es evident ist, dass alle Kinder eine klare Vorstellung von Gott besäßen, wenn sie mit dieser Idee zu Welt gekommen wären; und dass alle Menschen in ebendieser Idee übereinstimmen würden – eine Übereinstimmung, die man noch nie erlebt hat. Es ist nicht weniger evident, dass wir nicht mit entwickelten Moralprinzipien geboren werden, denn sonst wäre es nicht zu erklären, wie ein ganzes Volk ein moralisches Prinzip verwerfen könnte, das im Herzen jedes Individuums dieses Volkes eingraviert wäre.

Einmal angenommen, wir wären alle mit dem hochentwickelten moralischen Prinzip geboren, man dürfe niemanden wegen seiner Art zu denken verfolgen – wie wären dann trotzdem ganze Völker zu Verfolgern geworden? Einmal angenommen, jeder Mensch trüge in sich das selbstverständliche Gesetz, das gebietet, einen geleisteten Eid auch einzuhalten – wie hätten dann alle diese Menschen in bestimmten Vereinigungen festgesetzt, dass man Ketzern gegenüber sein Wort nicht halten muss? Ich wiederhole noch einmal: Gott hat uns statt jener imaginären angeborenen Ideen eine Vernunft gegeben, die mit den Jahren stärker wird und die uns alle, wenn wir aufmerksam sind und ohne Leidenschaft und ohne Vorurteil, lehrt, dass es einen Gott gibt und dass man gerecht sein muss. Aber ich kann die Folgerung nicht übernehmen, die Locke aus alldem zieht. Er scheint sich hier gar zu sehr dem System von Hobbes[62] zu nähern, dem er doch sonst äußerst fernsteht.

Hier seine Worte im ersten Buch des *Versuchs über den menschlichen Verstand*: »Betrachten Sie eine belagerte Stadt und schauen Sie, ob in den Herzen der Soldaten, die auf Gemetzel und Beute aus sind, irgendein Sinn für Tugend sich regt, irgendein moralisches Prinzip, irgendwelche Skrupel gegenüber all den Ungerechtigkeiten, die sie begehen.« Nein, sie haben keine Skrupel; und warum? Sie glauben gerecht zu handeln. Keiner von ihnen hat die Sache des Fürsten, für den er sich schlägt, als ungerecht erachtet, sie riskieren ihr Leben für diese Sache. Sie halten sich an ihren Teil des Geschäfts. Sie konnten bei der Erstürmung getötet werden, also glauben sie sich im Recht zu töten. Sie konnten ihrer Güter beraubt werden, also denken sie, dass sie rauben dürfen. Hinzu kommt, dass sie wie trunken sind in ihrer Raserei, die jedes Nachdenken verhindert. Und um Ihnen zu beweisen, dass sie durchaus nicht der Idee des Gerechten und des Ehrenhaften entsagt haben: Bieten Sie ebenjenen Soldaten eine größere Menge Geldes an, als die Beraubung der Stadt ihnen je einbringen wird; schönere Mädchen als jene, die sie geschändet haben – unter der Bedingung jedoch, dass sie, anstatt in ihrer Raserei drei- bis viertausend Feinde abzuschlachten, die noch Widerstand leisten und von denen sie selber getötet werden könnten, ihren König niedermachen, seinen Kanzler, seine Staatssekretäre und seinen Hofprediger; Sie werden unter diesen Soldaten nicht einen finden, der diese Offerte nicht entsetzt ablehnt. Dabei bieten Sie ihnen doch an, statt viertausend nur sechs Leute zu ermorden, und stellen ihnen eine hohe Belohnung in Aussicht. Warum weisen sie Sie zurück? Weil sie es für gerecht halten, viertausend Feinde zu töten, und weil die Ermordung ihres Souveräns, dem sie einen Eid geleistet haben, ihnen abscheulich vorkommt.

Locke fährt dann fort, und um uns besser zu beweisen, dass es auch keine angeborene Regel des Handelns gibt, spricht er von den Mingreliern[63], die, wie er uns berichtet, sich ein Spiel daraus machen, ihre Kinder lebendig einzugraben, und von den Kariben, welche die ihrigen kastrieren, damit diese fetter sind, wenn sie sie verspeisen.

Wir haben schon anderswo vermerkt, dass dieser große Mann bei der Wiedergabe dieser Fabeln zu leichtgläubig war. Lambert[64], der als Einziger den Mingreliern unterstellt, sie würden ihre Kinder zum Vergnügen lebendig begraben, ist kein hinreichend glaubwürdiger Autor.

Chardin[65], ein Reisender, der als verlässlich gilt, der in Mingrelien gegen ein Lösegeld freikam, hätte von diesem scheußlichen Brauch erzählt, wenn es ihn gäbe, und dass er es sagt, würde nicht genügen, damit man die Sache glaubt: Da müssten schon zwanzig Reisende aus unterschiedlichen Völkern und Regionen übereinstimmend eine solch eigenartige Angelegenheit bestätigen, damit man historische Gewissheit hat.

Ebenso ist es mit den Frauen der Antilleninseln, die ihre Kinder kastrieren sollen, um sie zu essen – das liegt nicht in der Natur einer Mutter.

Das menschliche Herz ist so nicht beschaffen; Kinder zu

kastrieren, ist eine äußerst heikle und gefährliche Operation, die sie keineswegs fett werden, sondern für mindestens ein Jahr abmagern lässt und an der sie oft sterben. Solches Raffinement war einzig bei den Großen des Orients jemals in Gebrauch, die in der Perversion ihrer Ausschweifungen und ihrer Eifersucht darauf verfielen, Eunuchen zur Bedienung ihrer Frauen und ihrer Konkubinen einzusetzen. In Italien, und zwar in der Kapelle des Papstes, wurde es nur übernommen, damit man Sänger bekam, deren Stimme noch schöner war als die der Frauen. Es ist aber kaum anzunehmen, dass auf den Antillen die Wilden das Raffinement erfunden haben, kleine Jungen zu kastrieren, um daraus eine schmackhafte Mahlzeit zu bereiten; und außerdem, was hätten sie denn mit ihren kleinen Mädchen angefangen?

Locke führt dann noch Heilige der mohammedanischen Religion an, die sich fromm mit ihren Eselinnen paaren, um auch nicht in die geringste Versuchung zu geraten, mit den Frauen ihres Landes Unzucht zu treiben. Diese Geschichten gehören in eine Reihe mit dem Märchen vom Papagei, der ein so schönes Gespräch auf Brasilianisch mit dem Fürsten Moritz führte; Locke gibt das Gespräch in aller Einfalt wieder, ohne sich zu fragen, ob der Dolmetscher des Prinzen sich vielleicht einen Scherz erlaubt hat.[66] Ganz ähnlich zitiert der Autor von *Der Geist der Gesetze*[67] munter seitenweise angebliche Gesetze aus Tonkin, Bantam, Borneo und Formosa nach dem Zeugnis einiger Reisender, die entweder lügen oder schlecht unterrichtet sind. Locke und er sind zwei große Männer, bei denen mir eine solche Naivität unentschuldbar erscheint.

XXXVI. Die Natur ist sich überall gleich

In diesem Punkte von Locke abrückend, sage ich mit dem großen Newton: *Natura est semper sibi consona* – »Die Natur ist sich überall gleich«. Das Gesetz der Schwerkraft, das auf ein Gestirn wirkt, wirkt auf alle Gestirne, auf alle Materie; genauso wirkt das fundamentale Gesetz der Moral auf alle uns bekannten Völker gleichermaßen. Es gibt zwar tausend verschiedene Auslegungen dieses Gesetzes, unter tausend verschiedenen Umständen; aber die Grundlage bleibt doch immer die gleiche, und diese Grundlage ist die Idee von Recht und Unrecht. Man begeht in der Raserei der Leidenschaft außerordentlich viele Ungerechtigkeiten, wie man ja auch in der Trunkenheit seine Vernunft verliert; aber wenn die Trunkenheit vorüber ist, kommt die Vernunft zurück. Und dies ist meines Erachtens die einzige Ursache, welche die menschliche Gesellschaft bestehen lässt, eine Ursache, die daraus entspringt, dass wir uns gegenseitig brauchen.

Wie nun haben wir die Idee von dem, was gerecht ist, erworben? Genauso, wie die Idee von dem, was klug, was wahr, was schicklich ist: durch unser Empfinden und durch die Vernunft. Es ist unmöglich, dass wir die Handlung eines Menschen nicht für äußerst unklug halten, der sich ins Feuer stürzt, um Bewunderung zu erregen, und dabei hofft, das zu überleben. Es ist unmöglich, dass wir die Handlung eines Menschen nicht für äußerst ungerecht halten, der in seinem Zorn jemanden tötet. Die Gesellschaft gründet auf nichts anderem als solchen Werten, die man niemals aus unserem Herzen reißen wird; und deshalb wird jede Gesellschaft fortbestehen, gleichgültig, welchem absonderlichen und schrecklichen Aberglauben sie sich unterworfen hat.

In welchem Alter lernen wir, was gerecht und was ungerecht ist? In dem Alter, da wir lernen, dass zwei mal zwei vier macht.

XXXVII. Über Hobbes

Profunder und merkwürdiger Philosoph! Rechtschaffener Bürger, kühner Geist, Gegner Descartes'! Du, der du geirrt hast wie er, du, dessen Irrtümer in der Physik groß sind, und verzeihlich, denn du warst vor dem großen Newton gekommen, du, der du Wahrheiten gesagt hast, die deine Irrtümer nicht aufwiegen, du, der du als Erster gezeigt hast, welch ein Hirngespinst die angeborenen Ideen sind, du, der du in mehreren Punkten der Vorläufer Lockes warst, aber auch von Spinoza – vergebens machst du deine Leser staunen, wenn es dir fast gelingt, ihnen zu beweisen: Es gibt keine Gesetze in der Welt, die nicht auf Übereinkunft beruhen; was recht und unrecht ist, ist es nur, weil man sich in diesem oder jenem Land darauf geeinigt hat, es so zu bezeichnen. Hättest du dich mit Cromwell[68] allein auf einer einsamen Insel befunden und hätte Cromwell dich töten wollen, weil du auf der Insel England die Partei deines Königs ergriffen hattest – wäre dir dieser Anschlag auf deiner neuen Insel nicht ebenso ungerecht erschienen wie in deiner Heimat?

Du sagst, dass nach dem Gesetz der Natur, »wo alle das Recht zu allem besitzen, jeder das Recht über das Leben seines Mitmenschen hat«. Aber verwechselst du hier nicht Recht und Machtstellung? Denkst du tatsächlich, dass Macht schon Recht verleiht und dass ein kräftiger Sohn sich nichts vorzuwerfen hat, wenn er seinen schwachen und dahinsiechenden Vater ermordet? Ein jeder, der sich mit Moral befasst, muss deinem Buch sogleich von Herzen widersprechen. Aber dein eigenes Herz hat dir noch viel heftiger widersprochen, denn du selbst warst tugendhaft wie Spinoza, und dir mangelte nur, wie auch ihm, dass du die wahren Prinzipien der Tugend nicht gelehrt hast, die du selber praktiziertest und den anderen anempfahlst.

XXXVIII. Allgemeine Moral

Die Moral erscheint mir derart universell, derart wohlüberlegt von dem universellen Wesen, das uns gebildet hat, derart dazu bestimmt, als Gegengewicht zu unseren verhängnisvollen Leidenschaften und zur Linderung der unvermeidlichen Mühseligeiten dieses kurzen Lebens zu dienen, dass ich meine, von Zoroaster bis Lord Shaftesbury[69] hätten die Philosophen immer nur dieselbe Moral gelehrt, obwohl sie alle über die Prinzipien der Dinge unterschiedliche Ansichten hatten. Wir haben gesehen, dass Hobbes, Spinoza und auch Bayle höchstselbst, welche die ersten Prinzipien entweder geleugnet oder bezweifelt haben, dennoch die Gerechtigkeit und sämtliche Tugenden nachdrücklich anempfahlen.

Jedes Volk hatte eigene, besondere religiöse Riten und sehr oft absurde und empörende Meinungen in Sachen Metaphysik und Theologie. Aber wenn es darum geht, ob man gerecht sein soll, ist die ganze Welt eines Sinnes, wie wir bereits in Punkt XXXVI gesagt haben und wie man nicht oft genug wiederholen kann.

XXXIX. Über Zoroaster

Ich befasse mich hier nicht damit, wann Zoroaster[70] gelebt hat; vor neuntausend Jahren, sagen die Perser, so wie Platon von den frühen Griechen sagt. Mir geht es nur um seine Moralvorschriften, die sich bis in unsere Tage erhalten haben.[71] Sie wurden aus der alten Sprache der Magier in die volkstümliche der Gebern[72] übersetzt. Man kann wohl aus den kindischen Allegorien, aus den lächerlichen Bräuchen, von denen diese Sammlung angefüllt ist, schließen, dass die Religion des Zoroaster aus grauer Vorzeit stammt. Man findet dort die Bezeichnung *Garten*, um die Belohnung der Gerechten auszudrücken; das Prinzip des Bösen erscheint unter dem Namen *Satan*, den die Juden auch übernahmen. Man findet dort eine Entstehung der Welt in sechs Jahreszeiten oder sechs Zeiträumen. Wenn jemand nieste, mussten ein *Abu navar* und ein *Ashin vuhu* rezitiert werden.

Aber nun zu jenen hundert aus dem Buch *Zend*[73], in dem man sogar die eigenen Worte des alten Zoroaster lesen kann, gezogenen »Pforten« oder Geboten – welche Moralpflichten werden dort festgesetzt?

Diejenige, Vater und Mutter zu lieben und zu unterstützen, den Armen Almosen zu geben, sein Wort immer zu halten, eine Handlung zu unterlassen, wenn man sich nicht sicher ist, ob sie gerecht ist oder nicht (*Pforte* 30).

Mit diesem Gebot will ich mich begnügen, denn kein Gesetzgeber hat je darüber hinausgehen können. Und ich sehe mich in der Auffassung bestätigt, dass, je mehr Zoroaster seine Kultvorschriften mit lächerlichem Aberglauben ausstattet, die Reinheit seiner Moral umso mehr zeigt, dass es nicht in seiner Absicht lag, sie in irgendeiner Weise zu verderben; dass es ihm, je mehr er sich in den Irrtümern seiner Dogmen verlor, umso unmöglicher war, in seiner Tugendlehre auf Irrwege zu geraten.

XL. Über die Brahmanen

Es ist sehr gut möglich, dass die Bramen oder Brahmanen[74] schon lange existierten, bevor die Chinesen ihre *fünf King*[75] hatten; und was diese extreme Wahrscheinlichkeit stützt, ist, dass in China die gesuchtesten Antiquitäten indische sind, während es in Indien keine chinesischen Antiquitäten gibt.

Diese alten Brahmanen waren zweifellos ebenso schlechte Metaphysiker, ebenso lächerliche Theologen wie die Chaldäer und die Perser und überhaupt alle Völker, die westlich von China leben. Allein, welche Erhabenheit durchzieht ihre Moral! Ihnen zufolge ist das Leben nur ein Tod von wenigen Jahren, nach dem man gemeinsam mit der Gottheit lebt. Sie beschränkten sich nicht darauf, gerecht gegen andere zu sein, sondern waren auch sich selbst gegenüber unnachsichtig. Das Schweigen, Enthaltsamkeit, innere Versenkung, der Verzicht auf alle Vergnügungen waren ihre hauptsächlichen Pflichten. Daher kamen auch alle Weisen der anderen Völker zu ihnen, um das zu lernen, was man *Weisheit* nannte.

XLI. Über Konfuzius

Die Chinesen hatten sich keinen Aberglauben, keinen Scharlatanismus vorzuwerfen wie die anderen Völker. Die chinesische Regierung bewies schon vor weit über viertausend Jahren – und beweist es noch heute –, dass man Untertanen regieren kann, ohne sie zu täuschen; dass man dem Gott der Wahrheit nicht durch Lügen dienen kann; dass der Aberglaube für die Religion nicht nur unnütz, sondern auch schädlich ist. Nie wurde Gott mit so reinem Herzen und solcher Frommheit angebetet wie in China (so kam man dort der Offenbarung am nächsten). Ich rede hier nicht von den im Volk verbreiteten Sekten, ich rede von der Religion des Fürsten, der Religion sämtlicher Gerichte und all dessen, was nicht Pöbel war. Worin besteht die Religion aller rechtschaffenen Menschen in China seit so vielen Jahrhunderten? Es ist diese: *Betet zum Himmel und seid gerecht!* Kein Kaiser hatte eine andere.

Man rechnet den großen Kung Fu-Tse, den wir Konfuzius nennen,[76] oft zu den uralten Gesetzgebern und Religionsgründern; das ist sehr unangebracht; Konfuzius ist der Neuzeit viel näher. Er lebte nur 650 Jahre vor unserer Zeitrechnung. Nie hat er einen Kult, einen Ritus eingesetzt; er hat sich nie für einen Erleuchteten ausgegeben oder für einen Propheten; er hat nicht mehr getan, als die alten Gesetze der Moral in einem Korpus zusammenzustellen.

Er mahnt die Menschen, Kränkungen zu vergeben und sich nur der Wohltaten zu erinnern;

sich ohne Unterlass selber zu beobachten und heute die Fehler von gestern zu korrigieren;

seine Leidenschaften zu zügeln und Freundschaft zu

pflegen; ohne Prahlerei zu geben und nur in der höchsten Not und ohne Unterwürfigkeit zu nehmen.

Er sagt nicht, man solle keinem anderen antun, was man nicht will, dass einem selbst angetan werde; das bedeutet ja nur, sich des Bösen zu erwehren. Konfuzius geht darüber hinaus, er empfiehlt das Gute an: »Behandle die anderen, wie du willst, dass sie dich behandeln.«

Er lehrt nicht nur Bescheidenheit, sondern auch Demut; er legt uns alle Tugenden ans Herz.

XLII. Über die griechischen Philosophen, zunächst über Pythagoras

Alle griechischen Philosophen haben Dummheiten in Sachen Physik und Metaphysik geäußert. Alle brillieren sie jedoch in der Moral; sie alle stehen auf gleicher Höhe mit Zoroaster, Konfuzius und den Brahmanen. Lesen Sie nur einmal die *Goldenen Verse* des Pythagoras[77]; darin steckt die Essenz seiner Lehre. Fast ist gleichgültig, wer genau sie geschrieben hat. Lassen Sie mich wissen, ob eine einzige Tugend darin fehlt.

XLIII. Über Zaleukos

Ihr Prediger aus Griechenland, Italien, Spanien, Deutschland, Frankreich usw., vereinigt doch einmal all eure Gemeinplätze und lasset all eure Verkündigungen destillieren, was meint ihr, wird der Extrakt daraus reiner sein als die Einleitung zu den Gesetzen des Zaleukos?[78]

»Bezähmt eure Seele, reinigt sie, entfernt aus ihr alle sündhaften Gedanken. Glaubt, dass die Frevelhaften Gott nicht gut dienen können. Glaubt, dass er anders ist als die schwachen Sterblichen, dass Lobsprüche und Geschenke ihn nicht betören. Die Tugend allein vermag ihm zu gefallen.«

Hier haben wir die Kurzfassung jeglicher Moral und jeglicher Religion.

XLIV. Über Epikur

Die Hochgelahrten der Kollegien und die kleinen Schulmeister der Seminare haben aus einigen heiteren Stellen bei Horaz[79] und Petronius[80] geschlossen, Epikur habe die Wollust gelehrt, in Theorie und Praxis. Epikur war aber sein Lebtag ein weiser, mäßiger und gerechter Philosoph. Weise war er schon mit zwölf, dreizehn Jahren. Einmal trug der Grammatiker, der ihn unterrichtete, ihm diesen Vers des Hesiod vor:

> *Von allen Wesenheiten war das Chaos die erste, die hervorgebracht wurde.*

»Halt«, entfuhr es Epikur, »wer brachte sie hervor, wo sie doch die erste war?« »Darüber weiß ich nichts«, sagte der Grammatiker; »das wissen nur die Philosophen.« »Dann werde ich mich bei denen unterrichten«, erwiderte das Kind, und fortan betrieb er selbst die Philosophie, bis in sein zweiundsiebzigstes Jahr. Sein Testament, das Diogenes Laertios uns vollständig überliefert hat,[81] zeugt von einer ausgeglichenen und gerechten Seele. Er ließ alle seine

Sklaven frei, von denen er glaubte, sie hätten diese Gnade verdient; er legte seinen Testamentsvollstreckern nahe, all jenen die Freiheit zu schenken, die sich ihrer als würdig erwiesen. Keine Prahlerei, keine ungerechte Bevorzugung; das war der Letzte Wille eines Mannes, der immer nur Vernünftiges wollte. Es gab keinen anderen Philosophen, dem all seine Schüler auch Freunde waren, und nur in seiner Sekte verstand man zu lieben, sie war auch die einzige, die sich nicht in mehrere andere aufspaltete.

Es scheint, dass, wenn man seine Lehre gründlich geprüft und auch das einbezogen hat, was für und gegen ihn geschrieben wurde, alles auf einen Disput zwischen Malebranche und Arnauld[82] zusammenschrumpft. Malebranche behauptete, dass das Vergnügen glücklich mache; Arnauld verneinte dieses. Es war ein Streit um Worte wie so viele andere Dispute, in die Philosophie und Theologie ihre Unsicherheit mit hineinbringen, jede auf ihre Weise.

XLV. Über die Stoiker

War die menschliche Natur bei den Epikureern als liebenswürdig dargestellt worden, so beschrieben sie die Stoiker als nahezu göttlich. Hingabe an das höchste aller Wesen, oder vielmehr Erhebung des Geistes zu diesem Wesen; Geringschätzung des Vergnügens, Geringschätzung sogar des Schmerzes, Geringschätzung von Leben und Tod, Unnachgiebigkeit in der Gerechtigkeit: das war die Eigenart der wahren Stoiker, und alles, was man gegen sie sagen konnte, war, dass sie die übrigen Menschen entmutigten.

Sokrates, der nicht zu ihrer Sekte gehörte, bewies, dass

man die Tugend so weit treiben konnte wie sie, ohne für eine Seite Partei zu ergreifen. Der Tod dieses Märtyrers der Gottheit wird die ewige Schande Athens sein, auch wenn es ihn inzwischen bereut hat.[83]

Umgekehrt gereicht der Stoiker Cato[84] Rom zur ewigen Ehre. Epiktet[85] steht vielleicht darin noch über Cato, dass er als Sklave sein Elend ruhig erduldete. »Ich bin jetzt«, sagt er, »dort, wo die Vorsehung mich hinhaben wollte; mich zu beklagen hieße sie zu beleidigen.«

Soll ich sagen, dass der Kaiser Marc Aurel[86] noch über Epiktet steht, weil er mehr Versuchungen bezwingen musste und weil es für einen Kaiser weit schwieriger ist, nicht sittlich zu verderben, als für einen Armen, nicht zu murren? Lesen Sie die *Gedanken* des einen und des anderen, und Sie werden finden, dass beide, der Kaiser und der Sklave, gleichermaßen groß waren.

Soll ich wagen, den Kaiser Julian[87] hier anzuführen? Er lag zwar falsch hinsichtlich der Glaubenslehre, keineswegs aber hinsichtlich der Moral. Kurz, es gab in der Antike keinen Philosophen, der die Menschen nicht hätte besser machen wollen.

Einige Leute hier bei uns haben geäußert, all die Tugenden dieser großen Männer seien in Wahrheit nur erlauchte Sünden. Ach, wäre die Erde doch voll von solchen Frevlern!

XLVI. Philosophie und Tugend

Es gab Sophisten, die verhielten sich zu den Philosophen wie die Affen zum Menschen. Lukian[88] machte sich über sie lustig. Man verachtete sie. Die Sophisten waren etwa, was heutzutage die Bettelmönche an den Universitäten sind. Aber wir sollten nie vergessen, dass alle Philosophen große Beispiele von Tugend geliefert haben und dass die Sophisten, und selbst die Mönche, in ihren Schriften die Tugend geachtet haben.

XLVII. Über Äsop

Ich zähle Äsop[89] zu diesen großen Männern, ich räume ihm sogar den ersten Platz unter ihnen ein, mag es Pilpay der Inder sein oder sein früher Vorläufer, Lokman der Perser, Hakim der Araber oder Hakam[90] der Phönizier, das spielt keine Rolle. Ich stelle fest, dass seine Fabeln bei allen orientalischen Völkern im Schwange waren und dass ihr Ursprung sich in den Untiefen einer Frühzeit verliert, die nicht auszuloten ist.

Worauf zielen sie ab, diese so tiefgründigen wie geistreichen Fabeln, diese Gleichnisse, die augenscheinlich zu einer Zeit geschrieben wurden, da man nicht zweifelte, dass die Tiere eine Sprache besitzen? Sie haben fast unserer gesamten Hemisphäre Lehren erteilt. Sie sind keine Sammlungen öder Sentenzen, die mehr ermüden als aufklären; sie sind die Wahrheit selbst im reizenden Gewand der Fabel. Alles, was uns zu tun blieb, war, ihnen ein paar Verschönerungen in unseren modernen Sprachen angedeihen zu lassen. Bei ihrem Ur-Autor sind jene alten Weisheiten nackt und einfach dargestellt. Die treuherzigen Anmutigkeiten, mit denen man sie in Frankreich verziert hat, konnten ihren ehrwürdigen Hintergrund nicht verdecken. Was lehren uns all diese Fabeln? Dass man gerecht sein soll.

XLVIII. Über den Frieden, der durch die Philosophie geboren wurde

Da alle Philosophen unterschiedliche Dogmen vertreten, ist klar, dass Dogma und Tugend gänzlich heterogener Natur sind. Ob sie nun geglaubt haben oder nicht, dass Thetys die Göttin des Meeres war, ob sie überzeugt waren oder nicht, dass es den Krieg der Titanen und das Goldene Zeitalter gab, die Büchse der Pandora, den Tod der Schlange Python durch die Hand Apollons[91] usw. – alle diese Doktrinen haben nichts mit der Moral gemein. Man muss an der Antike bewundern, dass die Götterlehre damals nie den Frieden zwischen den Völkern gestört hat.

XLIX. Weitere Fragen

Ach könnten wir doch dem Beispiel der Antike folgen! Könnten wir es doch endlich mit den theologischen Streitigkeiten so halten wie nach siebzehnhundert Jahren mit Kunst und Literatur!

Wir haben wieder an der gesunden Haltung der Antike Geschmack gefunden, nachdem wir in der Barbarei unserer scholastischen Systeme versunken waren. Zu keiner Zeit lag den Römern der absurde Gedanke nahe, man dürfe einen Menschen verfolgen, weil er an den leeren oder den vollen Raum glaubte, weil er behauptete, dass die Akzidenzien nicht ohne Subjekt bestehen können; weil er die Passage eines Autors in einem bestimmten Sinn auslegte, die ein anderer im entgegengesetzten Sinn interpretierte.

Wir stützen uns tagtäglich auf die römische Rechtsprechung;[92] wenn es keine passenden Gesetze gibt (was bei uns ja so oft vorkommt), konsultieren wir den *Codex* oder die *Digesten*.[93] Warum folgen wir unseren Vorbildern nicht auch in ihrer weisen Toleranz?

Was geht es denn den Staat an, ob man der Meinung der Realisten oder der Nominalisten ist; ob man es mit dem Scotus oder dem heiligen Thomas hält,[94] mit Oecolampad oder mit Melanchthon; ob man zur Partei eines Bischofs von Ypern gehört, den man nicht gelesen hat, oder zu der eines spanischen Mönchs, den man noch weniger gelesen hat?[95] Ist nicht klar, dass dies dem wahren Interesse eines Staates ebenso gleichgültig sein muss wie die Frage, ob eine Stelle bei Lykophron[96] oder bei Hesiod gut oder schlecht übersetzt ist?

L. Noch weitere Fragen

Ich weiß, dass Menschen manchmal krank im Hirn sind.

Es gab bei uns einen Komponisten[97], der im Wahnsinn darüber gestorben ist, dass seine Musik nicht genügend Anklang gefunden hatte. Andere glaubten, sie hätten eine Nase aus Glas; wenn es von diesen Gestörten nun zahlreiche gäbe und sie glaubten in ihrem Wahn auch noch, immer recht zu haben – fände sich wohl genügend Nieswurz[98], um eine derart seltsame Krankheit zu behandeln?

Wenn nun solche Kranke, um noch zu unterstreichen, dass sie immer recht haben, jedermann mit der Todesstrafe bedrohten, der meint, dass sie falschliegen; wenn sie Spione einsetzen, um die Widersacher zu entdecken; wenn sie bei einem Vater auf das Zeugnis des Sohnes, bei einer Mutter auf das der Tochter hin entschieden, dass die Beschuldigten in den Flammen sterben müssen, usw. – sollte man solche Leute dann nicht in Fesseln legen und mit ihnen verfahren wie mit Tobsüchtigen?

LI. Unwissenheit

Ihr fragt mich nun: wozu diese ganze Litanei, wenn der Mensch ohnehin nicht frei ist? Nun habe ich keineswegs gesagt, dass der Mensch nicht frei ist; gesagt habe ich,[99] dass seine Freiheit in seiner Fähigkeit zu handeln besteht und nicht in einer schimärischen Fähigkeit, *wollen zu wollen*. Sodann sage ich, dass, da alles in der Natur miteinander zusammenhängt, die ewige Vorsehung bestimmt hat, dass ich diese Gedankenspiele niederschreibe, und bestimmt hat, dass fünf oder sechs Leser ihren Nutzen daraus ziehen und fünf oder sechs andere sie geringschätzen und sie unter dem Riesenhaufen nutzlosen Geschreibsels liegen lassen.

Wenn Sie mir nun sagen, ich habe Sie nichts gelehrt, erinnern Sie sich bitte, dass ich mich gleich zu Beginn als Unwissender vorgestellt habe.

LII. Weitere Unwissenheit

Ich bin so unwissend, dass ich nicht einmal die antiken Fakten kenne, die ich von Kindesbeinen an erfahren habe. Ich fürchte immer, dass ich um mindestens sieben- bis achthundert Jahre danebenliege, wenn ich bestimmen will, zu welcher Zeit jene Helden des Altertums gelebt haben, die als Erste ausgedehnte Diebes- und Raubzüge unternommen haben sollen, und jene ersten Weisen, die Sterne anbeteten oder Fische oder Schlangen oder Tote oder Phantasiewesen.

Wer hat als Erster die sechs heiligen Gahanbars[100] ersonnen, die Činvat-Brücke[101], den Dardarot[102], den Karun-See[103]? Zu welcher Zeit lebten der erste Bacchus, der erste Herakles, der erste Orpheus?

Die ganze Antike ist bis hin zu Thukydides und Xenophon[104] so finster, dass ich kaum ein Wort von dem wissen kann, was sich auf dem Planeten, den ich bewohne, vor dem kurzen Zeitraum von ungefähr dreißig Jahrhunderten zugetragen hat; und dann noch: so viel Dunkel, so viel Unsicherheit, so viel Gefabel in diesen dreißig Jahrhunderten!

LIII. Die größte Unwissenheit

Meine Unwissenheit lastet noch weitaus schwerer auf mir, wenn ich bedenke, dass weder ich noch meine Mitbürger auch nur das Geringste über mein Vaterland wissen. Meine Mutter hat mir gesagt, ich sei am Rhein geboren, das glaube ich gern. Ich habe meinen Freund, den Gelehrten Apedeutes[105], gebürtig aus Kurland, gefragt, ob er etwas wisse über die nordischen Völker, seine Nachbarn, und über sein unglückliches kleines Land. Er antwortete mir, er habe davon nicht mehr Ahnung als die Fische in der Ostsee.

Alles, was *ich* über mein Land weiß, ist, dass Cäsar vor ungefähr achtzehnhundert Jahren berichtet hat,[106] wir seien Räuber und hätten die Gewohnheit, Menschen irgendwelchen Göttern zu opfern, damit sie uns zu einer guten

Beute verhelfen, und wir würden immer nur in Begleitung alter Hexen auf Diebestour gehen, die diese hübschen Opfer durchführten.

Tacitus[107] tut ein Jahrhundert später unser kurz Erwähnung, ohne uns je gesehen zu haben. Er betrachtet uns als das ehrbarste Volk der Welt, verglichen mit den Römern. Denn, so versichert er, wenn niemand da ist, den wir berauben könnten, verbrächten wir den Tag und die Nacht in unseren Hütten und berauschten uns an schlechtem Bier.

Seit diesen Jahren, unserem Goldenen Zeitalter, klafft im Wissen über unsere Geschichte eine immense Lücke bis zu Karl dem Großen. Als ich während meiner Studien bei diesen wohlbelegten Zeiten ankam, fand ich in einem Werk von Goldast[108] ein Urkunde Karls des Großen, ausgefertigt in Aachen. Dort schreibt jener gebildete Kaiser Folgendes:

»Ihr wisst, dass ich, als ich eines Tages in der Umgebung dieser Stadt jagte, die Thermen und den Palast fand, den Granus, der Bruder des Nero und des Agrippa, dort einst hatte bauen lassen.«[109]

Dieser Bruder und dieser Agrippa, die Brüder Neros gewesen sein sollen, haben mich belehrt, dass Karl der Große ebenso unwissend war wie ich; das ist doch ein Trost.

LIV. Lächerliche Unwissenheit

Die Geschichte der Kirche meines Landes gleicht jener von Granus, dem Bruder des Nero und des Agrippa, und ist noch wundersamer. Da gibt es kleine Jungen, die zum Leben wiedererweckt, Drachen, die mit einer Stola gefangen werden wie Kaninchen mit einer Schlinge; Hostien, die bluten, wenn ein Jude mit einem Messer hineinsticht; Heilige, die ihren rollenden Köpfen hinterherlaufen, die man ihnen soeben abgeschlagen hat. Eine der am meisten als wahr geglaubten Legenden in unserer deutschen Kirchengeschichte ist die des seligen Peter von Luxemburg[110], der in den zwei Jahren 1388 und 1389 – das war nach seinem Ableben – zweitausendvierhundert Wunder wirkte, und in den Jahren darauf insgesamt dreitausend; darunter sind jedoch lediglich zweiundvierzig Totenerweckungen zu verzeichnen.

Ich erkundige mich, ob die anderen Staaten Europas auch solche Kirchengeschichten haben, die so wundersam und authentisch sind. Ich finde überall die gleiche Weisheit und die gleiche Gewissheit.

LV. Schlimmer als Unwissenheit

Ich habe dann in Erfahrung gebracht, mit welch unbegreiflicher Dummheit die Menschen sich gegenseitig mit Verwünschungen beladen, sich verabscheut, verfolgt, erwürgt, erhängt, gerädert und verbrannt haben; und ich sagte: »Wenn es in diesen abscheulichen Zeiten einen Weisen gegeben haben sollte, so hätte er nur an einem Ort leben und sterben können – in der Wüste.«

LVI. Anbruch der Vernunft

Ich beobachte, dass in unserem Zeitalter, dem der Morgenröte der Vernunft, jener Hydra des Fanatismus immer wieder ein paar Köpfe nachwachsen. Zwar scheint es, dass ihr

Gift weniger tödlich ist und ihre Mäuler weniger unersättlich sind. Blut ist noch nicht geflossen wegen der wandelbaren Gnade[III], wie es so lange geflossen ist wegen der umfassenden Ablässe, die auf den Märkten verkauft wurden. Aber das Ungeheuer lebt noch; wer die Wahrheit sucht, riskiert nach wie vor Verfolgung. Sollen wir in der Finsternis untätig verharren? Oder sollen wir ein großes Licht entzünden, an dem der Neid und die Verleumdung ihre Fackeln neu entfachen? Ich für meinen Teil glaube, dass die Wahrheit sich hinter diesen Ungeheuern genauso wenig verstecken darf, wie man sich der Nahrung enthalten darf aus Angst, vergiftet zu werden.

Zu dieser Ausgabe

Vorlage für die Übersetzung ist die Ausgabe:

> Œuvres complètes de Voltaire. Nouvelle Édition. Avec notices, préfaces, variantes, table analytique, les notes de tous les commentateurs et des notes nouvelles [...], précédée de la vie de Voltaire par Condorcet et d'autres études biographiques. 52 Bde. Paris 1877–85. [Betreut von Louis Moland. *Le Philosophe ignorant* in Band 26 (1879), S. 47–96.]

Der Text ist online verfügbar unter:
https://fr.wikisource.org/wiki/Le_philosophe_ignorant
Die Gesamtausgabe ist ebenfalls online verfügbar:
https://fr.wikisource.org/wiki/Auteur:Voltaire

Die Anmerkungen wurden vom Verlag zusammengestellt.

Anmerkungen

1 *Spectacle de la nature*, umfangreiches naturkundliches Werk von Noël-Antoine Pluche (9 Bände, 1732–42).
2 Nach Thomas von Aquin (1225–1274), der darin Aristoteles folgt, senkt Gott dem Embryo 40 Tage nach der Empfängnis die Seele ein (*Summa theologica*, um 1270); Descartes hatte diese Ansicht übernommen.
3 Eine entsprechende Aussage findet sich bei Aristoteles nicht, er wurde aber im 18. Jahrhundert teilweise so interpretiert.
4 Der Philosoph und Mathematiker René Descartes (1596–1650) hatte in seinen *Principia philosophiae* (*Die Prinzipien der Philosophie*, 1644) drei Elemente im Kosmos angenommen, die in drei Sphären angeordnet sind; ferner, dass die Erde ursprünglich nur aus dem ersten Element bestand und sich wie die Sonne im Mittelpunkt eines großen Wirbels befand.
5 Pierre Gassendi (1592–1655) hatte in seinem Hauptwerk *Syntagma philosophicum* (Sammlung philosophischer Traktate, postum 1658) die Auffassung vertreten, es gebe keine angeborenen Ideen, sie seien vielmehr das Produkt unserer Sinneswahrnehmungen.
6 Anspielung auf die physikalischen Theorien von Descartes; vgl. Anm. 4.
7 Vgl. 1. Mose 9,5.
8 Longus bzw. Longos, griechischer Schriftsteller des 2. Jahrhunderts, Autor des Hirtenromans *Daphnis und Chloë*.
9 Leopold I. (1640–1705), deutscher Kaiser, für seine Keuschheit und Sittenstrenge bekannt.
10 Von Louis de France (1661–1711), dem einzigen ehelichen Sohn Ludwigs XIV., berichtet Madame de Sévigné, aus deren Briefen wir viel über das Leben bei Hofe wissen, er sei bei seiner Heirat sexuell völlig unerfahren gewesen.
11 Substanz von lat. *sub stare* ›darunter stehen‹.
12 Frz. *esprit* ›Geist‹ von lat. *spiritus* ›Hauch‹.
13 Das wären – legt man die metrische Meile von 4000 Metern zugrunde – 120 Millionen Kilometer. Die tatsächliche, zu Voltaires

Zeit noch nicht zweifelsfrei zu bestimmende Entfernung der Erde von der Sonne beträgt 149,5 Millionen Kilometer.

14 Sonnen- und Mondfinsternisse.

15 Als »Fürst der Scholastik«, »Engel der Schule«, »Doctor Angelicus« usw. wird Thomas von Aquin bezeichnet; vgl. Anm. 31.

16 Strebende oder begehrende Kraft.

17 Sinnloses Geschwätz.

18 John Locke (1632–1704) diskutiert die Frage im 2. Buch seines *Essay Concerning Human Understanding.*

19 Anthony Collins (1676–1729), Schüler und Freund Lockes, veröffentlichte 1717 *A Philosophical Inquiry Concerning Human Liberty.*

20 Samuel Clarke (1675–1729), englischer Philosoph und Theologe, Schüler Newtons.

21 Archimedes von Syrakus (um 287 – um 212 v. Chr.), griechischer Mathematiker.

22 Seneca (um 1–65), *Epistulae morales ad Lucilium* CVII; ein Leitsatz der Stoiker.

23 Nach Persius (römischer Dichter, 34–62 n. Chr.), *Satiren* III,84.

24 *Chaut-ereb* ›finsteres Nichts‹, ein Begriff, der auf den phönizischen Geschichtsschreiber Sanchuniathon (2. Jahrtausend v. Chr.) zurückgeht.

25 Griechischer Dichter des 7. Jahrhunderts v. Chr., Autor einer *Theogonie,* in der er die Abstammung der Götter und die Entstehung der Welt beschreibt.

26 Römischer Dichter (43 v. Chr. – um 17 n. Chr.), Autor u. a. der *Metamorphosen,* die im 1. Buch die Entstehung der Welt beschreiben.

27 Römischer Dichter (70–19 v. Chr.), schildert in seinem Epos *Aeneis,* wie es zur Gründung der Stadt Rom kam.

28 Römischer Dichter (39–65 n. Chr.), Autor eines Werks über den römischen Bürgerkrieg, *De bello civili* (auch als *Pharsalia* bekannt), aus dem hier zitiert wird.

29 Nicolas Malebranche (1638–1715), französischer Philosoph und Theologe, vertrat diese Auffassung in seinem Hauptwerk *De la recherche de la vérité* (*Über die Erforschung der Wahrheit,* 2 Bände, 1674–75).

30 Der Manichäismus (ab dem 3. Jahrhundert n. Chr.) unterscheidet streng zwischen den zwei Prinzipien von Licht und Finsternis bzw. von Gut und Böse.

31 Thomas von Aquin. Hier wird eine Passage aus seiner *Summa theologica* (1265/66–73) zusammenfassend zitiert.

32 Im Sinne von: nicht zusammengesetzt.

33 Voltaire bezieht sich damit auf frühe griechische Philosophen und ihre Lehren: Thales von Milet (um 624 – um 545 v. Chr.), Empedokles (um 495 – um 435 v. Chr.), Epikur (um 340 – um 270 v. Chr.), Pythagoras von Samos (um 570 – um 510 v. Chr.). Platon (428/427–348/347 v. Chr.) erzählt im *Symposion* (*Das Gastmahl*) den Mythos von den androgynen Kugelmenschen, die weiblich und männlich zugleich sind.

34 Baruch de Spinoza (1632–1677; latinisiert: Benedictus de Spinoza), Verfasser der *Ethica, ordine geometrico demonstrata* (*Ethik, nach geometrischer Methode dargelegt*; postum 1677).

35 Voltaire referiert nicht ein Werk von Spinoza, sondern die *Réfutation des erreurs de Benoît de Spinoza* (*Widerlegung der Irrtümer Benedikts de Spinoza*) des Erzbischofs von Cambrai, François de Salignac de la Mothe-Fénelon (1651–1715).

36 Pierre Bayle (1647–1706), Verfasser vor allem des *Dictionnaire historique et critique* (1695–96); der längste Artikel darin ist Spinoza gewidmet.

37 Der griechische Meeresgott, der die Fähigkeit besitzt, seine Gestalt beliebig zu verändern.

38 Straton von Lampsakos (um 340 – um 288 v. Chr.), Schüler des Aristoteles, und Diagoras von Melos (um 475 – nach 410 v. Chr.) vertraten atheistische Ansichten, Pyrrhon von Elis (um 362 – um 270 v. Chr.) gilt als Begründer des Skeptizismus.

39 Bedeutender holländischer Staatsmann (1625–1672), der bei einem Aufruhr ermordet wurde.

40 Die *Briefe in die Provinz* des Theologen, Philosophen und Mathematikers Blaise Pascal (1623–1662) sind sein wirkungsreichstes Werk. Er hinterließ rund 1000 Zettel mit Notizen und Fragmenten, die unter dem Titel *Pensées* (*Gedanken*) gesammelt wurden; die zitierte Passage entspricht Fragment 420.

41 Albertus Magnus (Albert von Lauingen, um 1200 – 1280), deutscher Theologe und Philosoph, lehrte in Paris und Köln.

42 Louis Abelly (1602–1691), französischer Theologe, Bischof von Rodez.

43 Das bezieht sich auf eine Stelle in Platons Dialog *Timaios*; die fünf regelmäßigen Körper sind Tetraeder, Oktaeder, Würfel, Ikosaeder und Dodekaeder.

44 Gemeint sind Syphilitiker; die Syphilis wurde mit Quecksilber behandelt, mit dem man die Körper der Erkrankten bestrich.

45 Im Original ein unübersetzbares Wortspiel: … wenn die Blasen Laternen gewesen wären und nicht Steinbrüche; dahinter steht die Redensart »jemanden Blasen für Laternen halten lassen«; dies entspricht unserem »jemandem ein X für ein U weismachen«.

46 *Le philosophe ignorant* erschien zunächst ohne Verfasserangabe und ohne Angabe eines Druckorts, innerhalb des Textes gibt sich der Autor als Deutscher aus. – Der Philosoph und Mathematiker Gottfried Wilhelm Leibniz (1646–1716) hatte in seiner *Theodizee* (›Rechtfertigung Gottes‹, 1710) die Ansicht vertreten, dass wir in der besten aller möglichen Welten leben (denn da Gott vollkommen ist, konnte er keine unvollkommene Welt geschaffen haben). Voltaire hatte sich darüber schon in seinem kurzen Roman *Candide ou l'optimisme* (1759) lustig gemacht, in dem er seinen Helden alle Schrecknisse dieser Welt erleben lässt.

47 Der Historiker Titus Livius (um 59 v. Chr. – um 17 n. Chr.) und Ovid berichten über den Vorfall aus der römischen Frühgeschichte, der zum Sturz des tyrannischen Königs Tarquinius Superbus (regierte seit 534 v. Chr.) und zum Anbruch der Republik führte.

48 Voltaire bezieht sich auf ein spanisches Theaterstück, das den Tod des spanischen Thronfolgers Carlos de Austria (1545–1568) zum Gegenstand hat (wie auch Schillers Drama *Don Karlos, Infant von Spanien*).

49 Die Monade (von griech. *monas* ›Einheit‹) erscheint als Konzept schon bei den Pythagoreern und wird bei Leibniz zum Zentralbegriff seiner *Monadologie* (1714).

50 Etwa: vorherbestimmte Harmonie; ein weiterer Zentralbegriff der Leibniz'schen Philosophie.

51 Der Philosoph Ralph Cudworth (1617–1688), Verfasser des *True Intellectual System of the Universe* (1678).

52 Der italienische Physiker und Astronom Galileo Galilei (1564–1642) wurde 1633 vom päpstlichen Tribunal verurteilt, weil seine Theorien (dass nämlich die Planeten um die Sonne kreisen) der biblischen Weltsicht widersprachen.

53 Francis Bacon (1561–1626), englischer Philosoph und Staatsmann, schuf mit seinem *Novum Organum Scientiarum* (*Neues Werkzeug der Wissenschaften*) die Grundlage für die moderne – empirische – Wissenschaft.

54 Der von Voltaire außerordentlich geschätzte Isaac Newton (1643–1727), Physiker, Astronom und Mathematiker, einer der einflussreichsten Wissenschaftler aller Zeiten. In seinem Hauptwerk *Philosophiae Naturalis Principia Mathematica* (*Die mathematischen Grundlagen der Naturphilosophie*, 1687) formulierte er als Erster die Gesetze der Gravitation.

55 Die Theorie des sogenannten *Horror vacui* (Grauen vor der Leere) vertritt Aristoteles im 4. Buch seiner *Physik*.

56 Hippokrates von Kos (um 460 – um 370 v. Chr.), der berühmteste Arzt der Antike, dessen Name noch im Hippokratischen Eid weiterlebt.

57 Griech. *psyche* von *psycho* ›blasen‹, frz. *esprit* ›Geist‹ von lat. *spiritus* ›Hauch‹.

58 Der Legende nach säte der thebanische Stadtgründer Kadmos die Zähne eines Drachen aus, den er erlegt hatte. Den Zähnen entsprangen bewaffnete Männer, die sofort gegeneinander zu kämpfen begannen.

59 Die antisemitischen Äußerungen Voltaires sind Gegenstand zahlreicher Untersuchungen, siehe etwa Pierre-André Taguieff, »La haine des juifs au temps des Lumières: le cas Voltaire«, in: *Revue des Deux Mondes*, Juni 2019.

60 Pierre Corneille (1606–1684, einer der drei großen Dramatiker der französischen Klassik), *La mort de Pompée* (1641/42) I,1. Zu Lukan vgl. Anm. 27.

61 William Dampier (1651–1715), britischer Pirat, Entdecker und dreimaliger Weltumsegler.

62 Thomas Hobbes (1588–1679), englischer Philosoph, vertritt in seinem Hauptwerk *Leviathan* (1651) die Ansicht, dass im Naturzustand ein »Krieg aller gegen alle« herrsche, dem nur durch die Übertragung aller Gewalt auf einen absoluten Herrscher zu begegnen sei.

63 Volk im Westen des heutigen Georgien, am Schwarzen Meer; Mingrelien, die antike Kolchis, war zu Voltaires Zeit ein selbständiges Fürstentum.

64 Claude-François Lambert (1705–1765), Verfasser eines umfassenden Berichts über seine Reisen nach Asien, Afrika und Amerika (4 Bände, 1749).

65 Jean Chardin (1643–1713) verfasste einen Bericht über seine Reise nach Persien und Ostindien (1685).

66 Im *Essay Concerning Human Understanding* (II,27, § 8) gibt Locke wieder, was er über Fürst Johann Moritz von Nassau-Siegen (1604–1679, niederländischer Feldmarschall) gehört hat: Dieser soll als Generalgouverneur von Niederländisch-Brasilien einen Papagei besessen haben, mit dem er er sich gern unterhielt.

67 *De l'esprit des lois* (1748), staatstheoretisches Werk von Charles-Louis de Secondat, Baron de Montesquieu (1698–1755).

68 Oliver Cromwell (1599–1658), Anführer des Heeres im Bürgerkrieg gegen König Karl I., nach seinem Sieg (und der Hinrichtung des Königs) Generalgouverneur des Commonwealth of England.

69 Anthony Ashley Cooper, 3. Earl of Shaftesbury (1671–1713), englischer Philosoph und Politiker, geht davon aus, dass der moralische Sinn im Menschen von Natur aus angelegt ist (*An Enquiry Concerning Virtue, or Merit*, 1711).

70 Aus den Lehren des iranischen Priesters Zoroaster (nach dem griechischen Namen, frz. Zoroastre) bzw. Zarathustra (nach dem avestischen Namen), dessen Lebenszeit unterschiedlich datiert wird (2. Jahrtausend oder 7./6. Jahrhundert v. Chr.), entstand die Religion des Zoroastrismus.

71 Im *Avesta*, der heiligen Schrift des Zoroastrismus.

72 Zoroastrische Glaubensgemeinschaft.

73 Das später entstandene *Zendavesta* enthält die Auslegung des *Avesta*.

74 Die Angehörigen der obersten Kaste in Indien, in erster Linie Priester und religiöse Lehrer.

75 Die fünf konfuzianischen Klassiker *Yijing* (Buch der Wandlungen), *Shijing* (Buch der Lieder), *Shujing* (Buch der Urkunden), *Liji* (Buch der Riten) und *Chunqiu* (Frühlings- und Herbstannalen). *-jing* (früher: *-king*) bedeutet ›klassischer Text‹.

76 Die Lehre des Konfuzius (von chin. Kong Fuzi oder auch nur Kong Zi ›Meister Kung‹, vermutlich 551–479 v. Chr.) fußt auf den Prinzipien Ordnung, Gerechtigkeit, Gehorsam.

77 Die *Goldenen Verse* sind das Gedicht eines unbekannten Pythagoreers mit Anweisungen zur Lebensführung, das vermutlich aus dem 4. Jahrhundert v. Chr. stammt (Pythagoras selber lebte im 6. Jahrhundert v. Chr.).

78 Griechischer Gesetzgeber des 7. Jahrhunderts v. Chr.

79 Quintus Horatius Flaccus (65–8 v. Chr.), römischer Dichter, bezeichnet sich selbst ironisch als »Schwein aus der Herde Epikurs«. Grundprinzip des Epikurismus ist das Streben nach Lust, allerdings nicht allein sinnlicher Lust.

80 Titus Petronius Arbiter (um 14 – 66 n. Chr.), Autor des *Satyricon*, eines Romans mit stark sexuell geprägter Handlung.

81 Von den Werken Epikurs ist nur ein geringer Teil erhalten; eine wichtige Quelle sind die *Leben und Meinungen berühmter Philosophen* des Diogenes Laertios aus dem 3. nachchristlichen Jahrhundert.

82 Antoine Arnauld (1612–1694), Philosoph und Theologe.

83 Der griechische Philosoph Sokrates (469–399 v. Chr.) wurde von den Athenern der Gottlosigkeit beschuldigt und zum Tode verurteilt.

84 Marcus Porcius Cato d. J. (95–46 v. Chr.), römischer Senator, trat für die altrömischen Tugenden ein und stellte sich gegen die Machtansprüche Caesars; nach seiner militärischen Niederlage nahm er sich das Leben.

85 Der Grieche Epiktet (um 50 – um 138 n. Chr.) kam als Sklave nach Rom und studierte dort Philosophie. Er lehrte das geduldige –

»stoische« – Hinnehmen dessen, was man nicht beeinflussen kann.

86 Marcus Aurelius (121–180 n. Chr.), ab 161 römischer Kaiser, verfasste seine *Selbstbetrachtungen*, in denen er seine politischen und philosophischen Überzeugungen darlegt, vorwiegend im Feldlager.

87 Flavius Claudius Iulianus (331/332–363 n. Chr., auch Iulianus Apostata), römischer Kaiser ab 360, gab seinen christlichen Glauben auf.

88 Lukian von Samosata (um 120 – nach 180 n. Chr.), griechischer satirischer Schriftsteller.

89 Aisopos (vermutlich 6. Jahrhundert v. Chr.), griechischer Fabeldichter, der oft als Vater der Tierfabel bezeichnet wird, eventuell aber gar keine historische Figur war.

90 Antike Fabeldichter: Der Inder Pilpay oder Bidpai soll Autor des *Panchatantra* (um 300 n. Chr.), einer Sammlung von Tier- und anderen Geschichten, gewesen sein; Luqman oder Lokman (um 1100 v. Chr., auch Luqman al-Hakim ›Lokman der Weise‹) soll ebenfalls Fabeln gedichtet haben, er tritt im Koran auf.

91 Beispiele aus der griechischen Mythologie. Die Titanen sind darin das älteste Göttergeschlecht, Riesengötter, die im Urzustand des sogenannten Goldenen Zeitalters herrschten. Thetys war eine Titanin und Göttin des Meeres, Pandora war aus Lehm geschaffen und erhielt von den Göttern reiche Gaben, von Zeus jedoch eine Büchse, in der sich alle Übel der Welt befanden. Der Python war ein Drache, der das Orakel von Delphi bewachte. Nach einer Sage wurde er von Apollon getötet.

92 Das römische Recht war in vielen Ländern Europas bis ins 19. Jahrhundert maßgeblich für die Rechtsprechung.

93 Die klassischen römischen Rechtstexte wurden in der Spätantike unter Kaiser Justinian in den *Institutiones Iustiniani*, den *Pandekten* (lat. *Digesten*) und im *Codex Iustinianus* gesammelt (522/534).

94 In der Debatte zwischen Realisten und Nominalisten ging es um die Frage, ob Allgemeinbegriffe wie »schön«, »gut« oder »Menschheit«, die sogenannten Universalien, eine reale Existenz haben (Realismus) oder bloße Namen, *nomina*, sind (Nominalismus). Thomas von Aquin vertrat die Position des Realismus, Johannes Duns Scotus (um 1266 – 1308) die des Nominalismus.

95 Die deutschen Theologen Johannes Oecolampad (1482–1531) und Philipp Melanchthon (1497–1560) zählten zum Kreis der Reformatoren. Der Bischof von Ypern ist Cornelius Jansen/Jansenius (1585–1638), niederländischer Theologe, Begründer des in Frankreich im 17. Jahrhundert stark verbreiteten Jansenismus, der mit seiner Gnadenlehre im Gegensatz stand zur Position des spanischen Jesuiten Luis de Molina (1535–1600).

96 Lykophron aus Chalkis (um 320 – nach 280 v. Chr.), griechischer Dichter.

97 Jean-Joseph Mouret (1682–1738).

98 Der Nieswurz wurde seit der Antike als Heilpflanze verwendet, u. a. gegen Wahnsinn.

99 In Punkt XIII.

100 Sechs Feste zur Feier der sechs Jahreszeiten der zoroastrischen Religion.

101 Die zoroastrische Brücke der Scheidung, an der die Seelen der Toten gewogen werden; die der Guten gelangen ins Paradies, die der Bösen in die Hölle.

102 ›Ewige Wohnung‹, im Alten Ägypten Bezeichnung für die Unterwelt, griech. Tartaros.

103 Karun: In der altägyptischen Religion der Fährmann, der die Seelen der Verstorbenen ins Reich der Toten übersetzt, griech. Charon.

104 Thukydides (um 460 – um 400 v. Chr.) und Xenophon (um 430 – 355/354 v. Chr.) waren griechische Geschichtsschreiber.

105 Fiktive Gestalt; griechisch *apaideutos* bedeutet ›unwissend, ungebildet‹.

106 In *De bello gallico* (*Vom gallischen Krieg*), Caesars Bericht über seinen Feldzug in Gallien.

107 Publius Cornelius Tacitus (um 58 – um 120 n. Chr.), römischer Geschichtsschreiber; die folgenden Ausführungen Voltaires stützen sich auf sein Werk *Germania*.

108 Melchior Goldast von Haiminsfeld (1578–1635), Philologe und Historiker, Herausgeber mittelalterlicher Texte und Dokumente.

109 Ein Granus Serenus soll Stadtgründer Aachens gewesen sein, genauso legendär ist seine Verwandtschaft mit Kaiser Nero, ganz

abgesehen davon, dass Agrippa (64/63 – 12 v. Chr.) und Nero (37–68 n. Chr.) kaum gemeinsame Geschwister gehabt haben dürften.

110 Peter von Luxemburg (1369–1387) wurde mit 15 Jahren zum Bischof von Metz ernannt und war ab 1386 Kardinal von Avignon.

111 Begriff aus der Gnadenlehre in Anlehnung an den zuvor erwähnten Jesuiten Luis de Molina, der die göttliche Gnade mit der menschlichen Willensfreiheit vereinbaren wollte; Papst Paul V. hatte 1607 jede weitere Diskussion darüber untersagt.

Nachwort

Jemand wie Voltaire kann uns nicht weismachen, er wisse nichts. Im Kampf der Meinungen und Ansichten aber gibt es kaum einen empfindlicheren Schlag als den, das Gegenüber des Unwissens zu überführen; und kaum eine elegantere Art, ihn zu führen, als das Gegenüber und sich selbst gemeinsam in das gleiche Unwissen zu stürzen. Das ist die Skepsis als Waffe, die Philosophen seit jeher führen. Worüber niemand Bescheid weiß, niemand Bescheid wissen kann, darüber darf niemand Autorität beanspruchen. Wenn meine Gewissheit oder meine unhinterfragte Gewohnheitseinschätzung als Phantasiegebilde enttarnt werden, knallt es unweigerlich im Kopf.

Seit jeher auch führt der Philosoph, der dergestalt auf die Verminderung der Gewissheiten zuarbeitet, eine Kritik, die auf jene zielt, die zu genau wissen, und auf jene, die zu bedenkenlos gehorchen. Die Skepsis versucht dabei oft, die Debatte vom Himmel auf die Erde zu holen, zersetzt die gefestigten Schulgewissheiten und lenkt den Blick auf philosophische Inhalte, die sich auf die soziale Realität einlassen, auf Ethik, Moral. So ist es bereits bei Sokrates, dessen Weisheit im Bekenntnis des Nichtwissens triumphiert und der als Unruhestifter hingerichtet wird – Voltaire nennt ihn ironisch weihevoll einen »Märtyrer« (XLV). So nennt Francesco Petrarca seine Abrechnung mit dem autoritätshörigen Aristotelismus seiner Zeitgenossen *Über meine und vieler anderer Unwissenheit* (um 1370) und trennt dabei das allzu oft fehlerhafte Faktenwissen von dem ab, was den Menschen und sein Leben wirklich betrifft: »Kannst du mir sagen, wozu es gut sein soll, die Natur der Tiere, Vögel, Fische und Schlangen zu kennen, wenn man nichts von der Natur des Menschen weiß, nichts davon, warum wir geboren wurden, woher wir kommen und wohin wir gehen, und auch nichts davon wissen will?«

»Wer bist du? Woher kommst du? Was tust du? Was wird einmal aus dir?« (I) Mit genau diesen Fragen, denkbar handfest, dringend und unlösbar, eröffnet auch Voltaire seinen *Philosophe ignorant*. Der kurze, bezeichnenderweise nicht in *Kapitel*, sondern in *Zweifel* eingeteilte Text entsteht im Winter 1765/66, in einer der produktivsten und wichtigsten Schaffensphasen Voltaires. Er hat in Ferney, in der Nähe von Genf, Ende der 1750er Jahre ein stattliches Anwesen erworben, in dem er arbeiten, organisieren und hofhalten kann, das aber auch in bequem kurzer Fluchtdistanz zur Grenze liegt. Voltaire, der immer in Frankreich leben und katholisch bleiben will, wird seit dem Beginn seiner Karriere (mit 23 sitzt er zum ersten Mal in der Bastille) von französischen und katholischen Autoritäten verfolgt. Unzählige seiner Werke erscheinen ohne Angabe des Autornamens, unzählige werden verboten und öffentlich verbrannt, und in seiner Korrespondenz füllt der Eiertanz um die Verleugnung von Werken, die offensichtlich seine Handschrift tragen, unzählige Seiten. Doch allen Verboten zum Trotz ist die Masse von Voltaires Publikationen ungeheuerlich – und ebenso seine Wirkung. Er wusste das mit Selbstbewusstsein und Kampfgeist; der letzte Satz seines Essays *Überlegungen für Deppen* von 1760 lautet: »Wirf ein nützliches Werk ins Feuer und die Funken werden dir um die Ohren fliegen.« Nach dem einst Verbotenen wird heute das Jahrhundert genannt, vergleichbar der deutschen Goethezeit.

Es ist nicht unwichtig zu erwähnen, dass Voltaire, 1694 in Paris geboren, mittlerweile auf die siebzig zugeht. Von Altersmilde kann bei ihm keine Rede sein, ganz im Gegenteil. Der *Candide* von 1759 ist bereits einer der wirklich harten Romane der Weltliteratur, aber die ironische Leichtigkeit des Tons und die burleske Verzerrung der Brutalität machen ihn auch zu einem der wirklich komischen Romane der Weltliteratur. Dagegen ist der Dialog *André Destouches in Siam* von 1766, der in der Erst- sowie in einem guten Dutzend Folgeauflagen dem *Philosophe ignorant* als Anhang beigegeben ist, ungleich frostiger. Zwar wird eine Pointe aus dem *Candide* fast wörtlich wiederholt (wie auch im *Philosophe ignorant* selbst, vgl. XXVI), aber der Sarkasmus des kurzen Dialogs ist grell und schmerzhaft. Religionskritische Texte von großer Schärfe, die schon älter sind, veröffentlicht Voltaire entsprechend erst jetzt, wie etwa die *Predigt der 50*, die bereits um 1752 entstand, aber 1762 im Druck erscheint.

Ebenso wenig lassen im Alter Voltaires Kräfte nach. Er führt von Ferney aus, wo er nebenbei einen bombastischen, schlichtweg fürstlichen Haushalt führt, einen schriftlichen Feldzug gegen die *Infâme*, die Kirche. Er füllt so viele Druckbögen Papier, wie man es einer ganzen Mannschaft von Autoren kaum zutrauen würde. Bis heute wichtige und gelesene Werke Voltaires kommen jetzt heraus, wie die Abhandlung *Über die Toleranz* (1763) oder das *Philosophische Taschenwörterbuch* (1764). 1766 schließlich erscheint der *Recueil nécessaire*, der *Notwendige Sammelband*, in dem er alte und neue Texte von besonderer Schärfe und Deutlichkeit zusammenstellt, darunter der *Katechismus des weltläufigen Mannes*, die *Predigt der 50* oder die *Bedeutende Untersuchung des Lord Bolingbroke*.

Mit diesem drastischen, antiklerikalen Sammelband ist das Schicksal des *Philosophe ignorant* in vieler Hinsicht verknüpft. Wie so oft muss Voltaire taktieren, um dem Zusammenprall mit der Obrigkeit zu entgehen, er muss Veröffentlichungsdaten schieben oder -orte fälschen, den Verkauf von Büchern bremsen oder beschleunigen. Gehört zu diesen Taktiken auch, dass sich Voltaire im *Philosophe ignorant* konsequent als Deutscher ausgibt? Im Frühling 1766 jedenfalls liegt der Text gedruckt vor, zunächst zirkulieren einige Exemplare außerhalb des Buchhandels. Ein Brieffreund Voltaires, von Beruf Zensor in Paris, rät im Juni mit unmissverständlichen Worten vom Vertrieb ab; da ist die Kutsche mit den Büchern aber schon von Genf in die Hauptstadt der Welt unterwegs. Dann erscheint, ebenfalls im Sommer 1766, der *Notwendige Sammelband*, dessen offen vorgetragene Kritik am Christentum die Lage weiter erhitzt. Der *Philosophe ignorant* wird geparkt und ist bis in den Winter in Paris nicht aufzutreiben. Doch dann verbreitet sich das Werk rasch, bis Ende 1767 erscheinen sechs Auflagen.

Aber nicht nur der Zeitplan, auch die Erwartungshaltung der Kollegen ist durcheinandergebracht. Denn im Vergleich zu den anderen, in den vorigen Absätzen genannten Texten geht der *Philosophe ignorant* einen anderen Weg, seine Skepsis erscheint geradezu milde. Man erwartet eine weitere, wie d'Holbach über den *Sammelband* sagte, »Sprengbombe, die gegen unser altes Gemäuer geschleudert wird«, aber wird nicht fündig. Der *Philosophe ignorant* ist kein neuer Sprengsatz, er zieht vielmehr eine Bilanz und fasst typisch voltairische Positionen zusammen.

Voltaire kritisiert, ja destruiert zwar viele traditionelle Ansichten, etwa die, dass die Welt *für* den Menschen da sei, dass der Mensch in den Weiten des Kosmos etwas Besonderes sei, dass wir uns selbst verstehen können oder dass die Heilige Schrift alles bzw. irgendetwas erklärt. Auch treiben viele skeptische Blüten zwischen den Zeilen Voltaires hervor: Keine Fähigkeit oder Erkenntnis ist uns angeboren (VII), sondern wird durch Erfahrung und durch die Sinne erworben (XXIX), unsere Sinne aber gewährleisten keinen nachvollziehbaren Weltzugang (XI); jede Ansicht soll in der geographischen Breite und der historischen Tiefe überprüft werden (XXXVIII), aber die Reiseberichte sind trügerisch (XXXV) und die Überlieferungen mehr als lückenhaft (LII); Geist und Materie sind nur schallende Worte, die wir kein Stück verstehen (XXIX), während die *justice*, unter deren Titel indes auch jeder Krieg läuft, natürlicherweise einleuchtet (XXXII); verschiedene Denkschulen werden auf ihre ethischen Gemeinsamkeiten hin abgeklopft, während der Beginn des Buches den Bankrott aller Denkschulen besiegelt zu haben schien. Die Erschütterung des festen Bodens, auf dem unser Denken steht, führt unmittelbar zu kleinen, unangenehmen Bewegungen, die die Tiefenmuskulatur trainieren, zu kritischen Überprüfungen. Alle großen Philosophen, die Voltaire im Vorbeigehen berührt, von der Antike bis in seine eigene Zeit, werden für manches gelobt und für manches gescholten. Ihnen allen wird ein Irrtum in Theorie oder Praxis nachgewiesen.

Aber auch Voltaires Skepsis muss, wie jede Skepsis, die Buch wird, irgendwo stehenbleiben. Er setzt sich nicht nur von archaischen (mythischen, katholischen) Gewissheiten ab, sondern zugleich von der materialistischen Philosophie und der freidenkerischen Tradition seiner Zeit, die konsequent bis zu Atheismus und Republikanismus weitergehen.

Für Voltaire ist der Kosmos das Werk eines ewigen Werkmeisters; vom Zweifel ausdrücklich verschonte (XXXII) Naturgesetze oder vermeintliche anthropologische Konstanten belegen durch ihre Regelmäßigkeit, dass es einen Bauplan gibt, eine *raison*, die erkannt werden kann. Voltaires Skepsis reicht nicht bis an den Himmel; die Vorstellung eines richtenden Schöpfergottes ist für ihn unerlässlich für das Funktionieren der Gesellschaft, mag eine zeremoniöse Amtskirche auf Erden auch überflüssig und gefährlich sein. Es ist nicht als Kompliment gemeint, wenn er Spinoza, den philosophischen Gewährsmann der radikaleren Aufklärung, als Atheisten bezeichnet. Der Grund hierfür scheint in seiner diesseitigen, sozialen Absicht zu liegen; gerade als Skeptiker und Kirchenkritiker geht es Voltaire um Ethik, um die soziale Nützlichkeit bestimmter (religiöser) Annahmen, er fordert vehement eine für das ganze Menschengeschlecht wirksame *utilité*. Gegenüber Aberglauben und Schwärmerei erscheint die *Nützlichkeit* geradezu als Kampfbegriff; es ist, wie oben zitiert, ein »nützliches Werk«, ein *ouvrage utile*, das als Phönix aus der Bücherverbrennung aufsteigt. Nützlich ist, was Gerechtigkeit fördert.

Die Arbeit an den Verhältnissen der Gesellschaft steht also an erster Stelle, denn in ihr besteht das tatsächliche und alltägliche Leben; hier müssen sich theoretische Gedanken bewähren, hier herrscht echte Dringlichkeit. Die Beurteilung eines Lebenswandels ist konsequenterweise etwas anderes als die skeptische Überprüfung einer Denkarbeit, wie erneut das Beispiel Spinoza zeigt (XXIV). Dazu passt auch jener Gestus der bewaffneten Skepsis, die »großen Fragen« der Theologie und Philosophie als praktische Lappalie und undurchschaubares Gespinst beiseitezuschieben. Das Ziel ist dabei weniger, den Zweifel als Haltung unendlich durchzuhalten, vielmehr geht es um die Herausschälung einer praktikablen, »universalen« Moralität, die die verkrusteten Zwangsinstitutionen der Gesellschaft überflüssig macht, eben weil sie in unzähligen Kulturen erprobt, überzeitlich, absolut ist. Den frommen Glauben (*croyance*) an die Gerechtigkeit nennt Voltaire entsprechend eine *nécessité absolue* (XXXIII), und dem korrespondiert eine absolute Pflicht: »Jeder, der denkt, muss auch gerecht sein« (XXIX). Auf Gerechtigkeit soll sich das friedliche Zusammenleben in Gesellschaft gründen, ohne jene manipulativen und tyrannischen Strukturen nötig zu haben, die vor Amtsanmaßung und -missbrauch zum Himmel stinken, versteht sich, die katholischen Strukturen zuallererst.

Die Regeln dieser Moral sind universal, einfach, zugleich abstrakt und konkret, unabhängig von Ort und Zeit: Voltaire ist auf der Suche nach den Newton'schen Gesetzen der Moral (XXXVI). Sie sind unanfechtbar in ihrer Gültigkeit und kulturellen Wirksamkeit, deshalb verbürgen sie für jeden Menschen einen unantastbaren Freiheitsraum und Gerechtigkeitsanspruch. Dazu passt auch, dass Voltaire mit *André Destouches in Siam*, dem Anhang zum *Philosophe ignorant*, erstmals die Kritik einzelner Gesetze hin auf eine Kritik des gesamten Rechtssystems überschreitet.

Voltaires pragmatische und ethische Position, dass metaphysisch-scholastische Spitzenleistungen für das Menschengeschlecht *inutile* sind und keinerlei Wirkung auf die von Gewohnheit und Sitte geprägten *mœurs de la rue* ausüben, lässt an den Satz des Averroes denken, dass es für den Menschen als Gemeinschaftswesen notwendig ist, gut zu sein, während es für ihn nicht notwendig ist, die Wahrheit zu kennen. Das mochte progressivere Kollegen theoretisch empören, aber es blieb, mit Blick auf die Realität des *ancien régime*, doch mehr als genug kritische Sprengmasse. Der Vorwurf der Ungerechtigkeit wiegt schwer, umso schwerer, wenn er sachlich nicht widerlegbar ist. Staat und Kirche fühlten sich durchaus angesprochen und mobilisierten, wie oben gesehen, ihre üblichen und letztlich vergeblichen Machtmittel.

Für ihr systematisches, jahrhundertealtes Unrecht findet Voltaire im letzten Abschnitt des *Philosophe ignorant* bei aller Skepsis deutliche Worte: Hydra, Gift, Ungeheuer, Dunkelheit. Auch der Unwissendste, der demonstrativ unwissende *philosophe* erkennt zweifellos die Niedertracht der Verfolgung und Unterdrückung, der Ausbeutung und des Fanatismus. In einem Brief aus dem Februar 1766 an die Marquise du Deffand, eine der wichtigen Salonnièren der Aufklärung, schreibt Voltaire über seine Arbeit am *Philosophe ignorant*: »Ich habe mich auf die Suche gemacht nach dem, was ist.« Mit der Forderung nach Gerechtigkeit, Gedankenfreiheit und Toleranz ist er beim Unverhandelbaren angekommen. Einwände? »Zumindest tröstet es mich zu sehen«, heißt es an Madame du Deffand weiter, »dass die Hersteller von Denksystemen auch nicht mehr wissen als ich; sie nehmen sich alle sehr wichtig, was ich nicht tun möchte. Ich bekenne freimütig meine Unwissenheit.«

Der skeptische Kritiker hat gegenüber den herrschenden Praktikern immer einen Trumpf in der Hand, den Petrarca auf die paradoxe Formel brachte: »Wer mich unwissend nennt, ist einer Meinung mit mir.« Aber Voltaire verfügt noch über einen weiteren Trumpf, der nicht unerwähnt bleiben sollte: seinen antiautoritären Spott. Er ist entwaffnend, und das nicht nur im charmanten Sinne. Ob der Denkherkules, der gut kopfrechnen kann (IX), die grandiose Revue der ahnungslosen Theologen und Sophisten (XXV), der Spaziergang mit dem »Platonschüler« Leibniz (XXVI), die Philosophen, die die Evidenz ihrer eigenen Kinder übersehen (XXIX), oder die Philosophiegeschichte, die auf fünf Zeilen zusammenschnurrt (XXIV), hier ist die Leichtigkeit und Menschlichkeit, die die autoritären »Hersteller von Denksystemen« so oft vermissen lassen. Voltaires mal lustiger, mal aufklärend ätzender Spott macht, anders als seine Skepsis, nirgends halt. Auch nicht bei seinem Autor selbst. Ob solche Selbstironie selbst Voltaires Verleger zu weit gegangen ist? In einem Brief an Claude-Philippe Fyot de La Marche vom 3. März 1766 sinniert Voltaire über ein Titelkupfer für den *Philosophe ignorant*: »Haben Sie noch so engen Kontakt zu Ihren Künstlern, vor allem zu jenem Kupferstecher, dessen Namen ich vergessen habe, aber dessen Zeichnungen mir sehr gefallen haben, wenn er auch in Paris durchgefallen ist? Ich hätte gerne, dass er mir auf Ihre Empfehlung hin ein einigermaßen bizarres Bild zeichnet und sticht, das für einen kleinen Oktavband bestimmt ist. Es soll drei Blinde zeigen, die tastend nach einem flüchtenden Esel suchen: das Emblem aller Philosophen, die hinter der Wahrheit herlaufen. Ich halte mich selbst für einen der Blindesten, ich bin immer hinter meinem Esel hergelaufen. In diesem Sinne bitte ich Sie also um mein Porträt.« Das Titelkupfer scheint leider nie realisiert worden zu sein.

Tobias Roth